LA QUESTION

DES

ACCIDENTS DU TRAVAIL

DEVANT LE SÉNAT

PAR

M. H. DARCY

PRÉSIDENT DE LA COMPAGNIE DES FORGES DE CHATILLON ET COMMENTRY
PRÉSIDENT DU COMITÉ CENTRAL DES HOUILLÈRES DE FRANCE
VICE-PRÉSIDENT DU COMITÉ PERMANENT DES ACCIDENTS DU TRAVAIL

DEUXIÈME ÉDITION

PARIS

1896

LA QUESTION

DES

ACCIDENTS DU TRAVAIL

DEVANT LE SÉNAT

PAR

M. H. DARCY

PRÉSIDENT DE LA COMPAGNIE DES FORGES DE CHATILLON ET COMMENTRY
PRÉSIDENT DU COMITÉ CENTRAL DES HOUILLÈRES DE FRANCE
VICE-PRÉSIDENT DU COMITÉ PERMANENT DES ACCIDENTS DU TRAVAIL

DEUXIÈME ÉDITION

PARIS

—

1896

AVANT-PROPOS

Le Sénat a voté en première lecture le projet de loi sur les accidents du travail.

L'Assemblée a maintenu dans son intégralité les charges imposées aux patrons par la dernière rédaction.

Évaluées d'après les tarifs comparés, ces charges apparaissent notablement plus lourdes que celles des lois allemande et autrichienne, trois ou quatre fois supérieures à celles des projets anglais et italien (1). Mais en réalité la différence sera plus grande encore : la loi donne accès aux abus et aux fraudes par des dispositions dont aucune législation n'a fait l'épreuve jusqu'ici; il est impossible d'en évaluer d'avance les effets.

On a dit que si nous payons plus que les Allemands et les Autrichiens en ce qui concerne les accidents, nous n'avons pas à contribuer comme eux aux secours aux malades et aux retraites d'âge; que si nous faisions le compte général des

---

(1) Voir le tableau I.

charges imposées à nos voisins, nous trouverions un total plus élevé que le nôtre.

Le législateur s'engage-t-il à ne jamais créer de caisses de maladies et de retraites, ou, s'il en crée, à détaxer les accidents?

Alors qu'on inscrive l'engagement dans la loi, et qu'on l'applique de suite à l'industrie des mines; car on sait qu'une loi d'exception (29 juin 1894) a imposé à cette industrie l'organisation de caisses de secours et de retraites.

Ces tempéraments ne seraient même pas suffisants, en bonne justice du moins. L'ouvrier français rend moins que l'allemand ou l'anglais; son salaire est généralement plus élevé; par suite de circonstances naturelles, l'élaboration des matières premières et le transport des produits sont plus coûteux. L'égalité des charges ne rétablirait pas l'égalité des situations; il faudrait les alléger; nous demandons qu'on ne les majore pas : la prétention est modeste.

D'aucuns imaginent que nous confondons abusivement l'intérêt de l'industrie avec celui du patron. Qu'importe, disent-ils, que le patron français gagne moins que l'allemand, si l'ouvrier gagne plus ou est plus heureux? Tant mieux si la loi ménage à l'ouvrier français une part plus grande dans les bénéfices de l'entreprise ou une moindre peine. Il y a bien de l'illusion dans l'idée qu'on se fait de la richesse; la masse partageable n'est pas ce qu'on imagine : elle s'acquiert à grand effort et fond en un instant; il n'y a pas de quoi remplir les lotissements rêvés en salaires, pensions ou relâchement dans le travail.

Nous maintenons donc tous nos vœux; et puisque nous arrivons à l'heure où il va être statué définitivement, nous leur donnons une forme précise.

Voici les principaux :

1° *Ateliers comprenant moins de cinq ouvriers.* — La rédaction votée en première lecture les exceptait de l'application de la loi; la rédaction présentée en seconde lecture doit sans doute continuer à les y assujettir. On avait dit d'abord que les chefs de ces petites entreprises étaient notoirement incapables de faire face à ses obligations, que la plupart seraient ruinés et liquideraient. On dit maintenant que ce sont les ouvriers qui déserteront ces intéressants ateliers, si on les prive du bienfait de la loi. Mais la seconde éventualité n'exclue pas la première; si elle est fondée, cela prouve, que dans tous les cas, directement ou indirectement, la nouvelle législation risque de jeter un trouble profond dans l'organisation du travail à la campagne et dans les petits centres. Dans ces circonstances, le plus sage serait de laisser les ouvriers juges de leur intérêt : à eux d'opter, s'il y a lieu, entre le renoncement à l'assistance légale et l'abandon du pays, de l'atelier de famille, l'émigration dans les grands centres. S'ils renoncent au bénéfice de la loi, mention de leur résolution sera faite au contrat de louage.

Sans cette précaution, on va provoquer et entretenir un état de misère chronique dans l'industrie rurale qui ne se rendra que tardivement à la nécessité d'une liquidation définitive; à un autre point de vue, si l'insolvabilité des défaillants doit être mise au compte des patrons solvables, on reconnaîtra que la loi ne saurait ruiner sciemment certains des contribuables, sans faire un abus inique d'un principe déjà inique en soi.

2° *Invalidité permanente absolue.* — Nous demandons que la pension soit réduite à la moitié du salaire au lieu des 2/3.

La loi allemande la fixe aux 2/3, mais seulement quand le salaire quotidien ne dépasse pas 5 francs; pour l'excédent, la pension est réduite aux 2/9. Notre proposition est plus simple.

3° *Frais médicaux et pharmaceutiques.* — Nous demandons que le patron ne les supporte que dans les limites du pourcentage admis pour le calcul des indemnités de chômage et pensions, soit la moitié au lieu de la totalité.

Le patron allemand ou autrichien n'en paie que le tiers; les projets anglais et italien laissent la totalité des frais à la charge de l'ouvrier (1).

4° *Choix du médecin.* — Celui qui fait les frais du traitement doit choisir le médecin. C'est le principe adopté dans les législations étrangères et dans notre loi du 29 juin 1894 sur les mines. Dans l'espèce, le patron payant la totalité des frais selon le projet, la moitié selon notre vœu, et, en outre la totalité de la pension, doit être maître du choix (2).

5° *La faute lourde.* — En cas de faute lourde du patron, la pension pourra être égale à la totalité du salaire, et ne devra jamais être inférieure aux 3/4.

En cas de faute lourde de l'ouvrier, la pension pourra être réduite à néant et ne devra jamais être supérieure au quart.

Cette rédaction met exactement sur le même pied le patron et l'ouvrier, dans les termes d'un forfait très clair et très précis; elle ne touche pas à l'indemnité de chômage ni aux frais de traitement; elle répond mieux que le projet au souci de ceux qui souhaitent faire la part la plus petite possible au facultatif,

---

(1) Voir page 12 et suivantes.
(2) Voir page 15.

à l'incertain et à la contestation devant les tribunaux; par ses prescriptions plus nettes elle encourage plus sûrement la vigilance; elle évite, d'autre part, le reproche (peu fondé d'ailleurs) d'inhumanité, adressé à un amendement déposé en première lecture, et dont l'effet était de réduire les secours médicaux aussi bien que les pensions (1).

Les vœux énoncés aux trois derniers paragraphes ont surtout en vue de prévenir les abus, négligences ou fraudes. La participation des ouvriers aux charges de la loi, pensions et frais médicaux, eût été un préventif plus efficace; elle aurait eu en outre l'avantage précieux de rendre à la loi son caractère vrai. La responsabilité du patron en matière de risques professionnels ne s'accorde ni au bon sens ni au code; la contribution des ouvriers avec le patron au soulagement des infortunes fortuites était une vue de morale sociale légitime et féconde. Nous maintenons l'intégralité de nos idées à cet égard; mais espérant peu leur succès, nous tentons simplement de réduire la charge de l'employeur et le champ des abus : même ainsi limité, l'avantage offert aux ouvriers sera précieux.

6° *Juridiction.* — Nous demandons que le Sénat confirme son premier vote et maintienne aux intéressés le bénéfice de la juridiction de droit commun. Nous ne faisons qu'une observation de détail. La rédaction votée porte que le juge de paix statue définitivement sur les actions relatives aux incapacités temporaires, demandes d'indemnité et frais de maladie y afférents. Du moment que l'assistance judiciaire est accordée de plein droit à l'ouvrier et que la procédure devant

---

(1) Voir page 16.

les tribunaux est accélérée, pourquoi refuser aux justiciables la garantie d'appel dans les termes de droit commun ?

7° *Garantie de paiement* (1). — La solidarité imposée aux patrons dans le but de garantir le paiement des pensions est attentatoire à l'équité et au droit ; elle n'a pas l'excuse d'une utilité sérieuse, le montant des insolvabilités étant minime ; acceptée sans réflexion suffisante sur la foi des précédents allemand et autrichien, dissimulée d'abord sous les formes de l'assurance dont les primes tenaient compte en bloc des chances d'accidents propres à l'assuré et de sa quote-part dans les insolvabilités des coassurés, cette disposition peu onéreuse sans doute, en fait, est grave, parce qu'elle introduit dans notre législation des mœurs singulièrement périlleuses. Si, d'autre part, on venait à observer que la résistance risquerait d'ouvrir la porte à des éventualités plus fâcheuses qu'une concession faite dans des circonstances trop spéciales pour créer un précédent d'ordre général, nous répondrions, sans nier l'hypothèse, que la discussion de considérations de cet ordre ne rentre ni dans le caractère, ni dans les limites de notre étude.

C'est dans ce sentiment que nous persistons à souhaiter que le législateur se borne à accorder à la créance de l'ouvrier un privilège sur la liquidation du débiteur insolvable (2).

---

(1) Voir page 7.

(2) Ne pas confondre cette proposition avec l'amendement défendu par M. Chovet en première lecture. D'après cet amendement le privilège était établi, non pas sur la liquidation éventuelle du débiteur en faillite, mais sur les biens de l'exploitant solvable, et par le seul fait de la constitution de la pension : de là une gêne intolérable, allant même jusqu'à l'impossibilité d'exploiter en ce qui concerne les professions comportant des opérations sur les immeubles.

Subsidiairement, dans le cas où le principe de la garantie solidaire serait maintenu, nous demandons de toute notre énergie, dans l'intérêt de tous, des ouvriers, des patrons, du travail national, des finances publiques, que le Sénat condamne comme il l'a fait une première fois, le système déraisonnable de l'assurance obligatoire par capitalisation, c'est-à-dire impliquant le versement du capital représentatif des pensions entre les mains de l'assureur (1).

Il est déraisonnable et préjudiciable au travail national de saisir chaque année 115 millions pour gager une dette de 100.000 francs, de retirer 3 milliards de la productivité pour garantir un paiement annuel de moins de 3 millions.

Il est déraisonnable et compromettant pour la sécurité des finances publiques d'imposer à l'État la charge de la gestion des capitaux et la responsabilité du service des pensions. Car, l'assurance obligatoire mène fatalement à l'assurance par l'État : l'assuré forcé, si on le dessaisit de son argent, a droit qu'on le décharge en même temps de la responsabilité du paiement ; or, client d'une Compagnie privée ou membre d'une mutualité, il demeure toujours tenu, vis-à-vis du créancier, à moins d'un accord peu vraisemblable avec celui-ci ; l'État seul a qualité pour se substituer à lui dans son obligation. Que si la loi venait à attribuer le même privilège aux Sociétés privées, celles-ci deviendraient, en réalité, des institutions d'État garanties par lui et gouvernées par lui ; en sorte qu'une transaction inspirée sans doute par le désir de ménager les intérêts d'une industrie intéressante et de réduire les responsabilités de l'État, aboutirait à un résultat diamétralement contraire.

---

(1) Voir pages 23 et suivantes.

Les intérêts du créancier n'ont rien à craindre de la suppression de l'assurance obligatoire : la signature de l'industrie nationale gagée sur le travail est la plus sûre des garanties, et la valeur du gage a au moins autant de constance que celle des effets publics qui serviraient d'emploi aux capitaux représentatifs.

L'assurance obligatoire avec versement du capital, n'est pratiquée que dans la seule Autriche. L'Allemagne n'a admis la capitalisation que pour les retraites d'âge et elle en constate déjà les périls. Dans le courant du mois de novembre, une haute assemblée, composée des délégués de tous les gouvernements confédérées et réunie pour étudier l'opportunité d'une réforme de la législation ouvrière, a écouté avec faveur un projet présenté par le président de l'office impérial des assurances et tendant à remplacer le régime de la capitalisation par le système de la répartition des charges annuelles.

La Chambre des députés n'a voté la capitalisation que parce qu'elle n'a été informée ni du chiffre énorme auquel devaient monter les capitaux encaissés, ni du chiffre minime des insolvabilités éventuelles. Sa Commission n'a entendu presque aucun industriel. Les industriels eux-mêmes n'étaient pas alors au courant des faits. S'il en est quelques-uns peut-être qui ont pu, à l'occasion, se prononcer pour l'assurance obligatoire, la plupart entendaient simplement témoigner par là du désir que le paiement des pensions fût garanti ; mais ils n'avaient point de parti pris sur le moyen d'y parvenir, et on ne peut dire qu'ils rejetaient le système de la répartition annuelle, puisqu'ils ne le connaissaient pas.

Nous espérons (1) donc que le Sénat consacrera par un vote

---

(1) Sous réserve de ce que nous disons ultérieurement du système de la somme une fois donnée. (Voir page 36.)

définitif le système consistant purement et simplement à répartir le montant des arrérages en souffrance entre les patrons, sauf à chacun à s'assurer si et comme bon lui semble.

Nous souhaitons en même temps que, selon la rédaction initiale de la Commission (28 juin 1895), cette répartition soit faite dans la forme de centimes additionnels au principal des pensions en cours de paiement, et non au prorata des coefficients de risques. Cette seconde solution, substituée à la première dans le désir de mettre plus d'égalité dans des charges, peu importantes d'ailleurs, ne ferait qu'aggraver la cote de chacun par suite des frais d'administration qu'elle entraînerait.

Ajoutons, et ici nous défendons l'intérêt de l'État, qu'à la considération majeure tirée de la libération définitive de toute responsabilité ultérieure, cette combinaison ajoute un motif occasionnel de plus pour amener à la caisse nationale ceux qui voudront s'assurer. On sait, en effet, que la rédaction votée par le Sénat, bien que n'ayant laissé subsister aucune trace de l'obligation d'assurance qui résultait indirectement de la première proposition soumise à ses délibérations (3 avril 1895) (1) a maintenu néanmoins la disposition par laquelle celle-ci avait dû justement autoriser cet établissement à assurer les patrons contre les risques créés par la loi. Or, l'universalité des patrons devant chaque année verser la cotisation d'insolvabilité entre les mains du percepteur, ceux d'entre eux à qui il conviendra de s'assurer, trouveront sans doute plus commode de traiter par son entremise avec la Caisse nationale plutôt que d'avoir affaire à la fois à ce fonctionnaire et à l'assureur privé. Au contraire,

____

(1) Voir page 30.

dans le système du centime additionnel au principal des pensions en cours, il n'y a que les sinistrés qui seront en contact avec le percepteur; et comme ils seront en petit nombre pendant les premières années, les assureurs privés pouvaient utilement profiter de ce répit pour rechercher des clients, ce qui eût allégé d'autant la charge redoutable que le législateur a cru devoir, sans qu'il y fût aucunement tenu cependant, continuer d'imposer à l'État.

Dans le même ordre d'idées, nous ne pouvons nous empêcher de signaler un article nouveau, dont on assure que le gouvernement aurait réclamé l'introduction dans la rédaction présentée en seconde lecture, et ayant pour objet d'autoriser les patrons à se libérer de l'obligation de payer les arrérages des rentes mises à leur charge en versant à la Caisse nationale le capital représentatif de ces rentes. C'est déjà beaucoup que le législateur ait imposé à la Caisse nationale de consentir des assurances contre les risques créés par la loi; c'est trop que, par suite de la disposition critiquée au paragraphe précédent, il invite indirectement les clients à s'adresser à elle plutôt qu'aux assureurs privés; il est véritablement excessif de lui imposer par surcroît les charges d'une caisse de dépôts.

Le système de la répartition a, par opposition à l'assurance obligatoire avec capitalisation, deux mérites : l'un à l'avantage du travail national, qui est de lui laisser la disposition de ses capitaux; l'autre à l'avantage de l'État, qui est de l'affranchir de la gestion de ce capital et de la responsabilité du paiement. Il est étrange que le législateur fasse tout ce qu'il peut pour réduire la part de profit de l'État. Tant d'artifices révèlent des vues secrètes. Il semble que l'obligation de la capitalisation sous la responsabilité de l'État ayant été repoussée, ses partisans veuillent essayer de la tentation offerte à tous les détours du chemin. On verra dans les pages qui suivent ce que vaut une conception qui, ne se bornant pas à pensionner abusivement les ouvriers, va mettre les capitalistes en régie, et d'un bout à l'autre des dispositions qu'elle imagine, est un encouragement à l'inactivité publique.

Nous croyons nos vues justifiables en doctrine et en opportunité. On crée une obligation nouvelle: à quel titre? Dans quels cas? Qui doit l'acquitter? A quel taux la faut-il fixer? Quelles garanties comporte son exécution? Pour répondre, il faut définir franchement le caractère de l'obligation et en évaluer d'aussi près qu'il est possible la valeur et les conséquences.

La tâche est difficile : les observations qui suivent n'ont d'autre prétention que d'en donner un simple aperçu.

Principes généraux.

La loi est présentée sous l'autorité des considérations suivantes :

« Nous imposons aux chefs de certaines entreprises la réparation des accidents fortuits comme de ceux imputables à leur faute. Ce faisant, nous ne portons pas atteinte au principe fondamental du Code civil qui impute la réparation du dommage à celui qui l'a causé et ne l'impute qu'à lui. Nous complétons le Code civil en l'adaptant aux transformations survenues dans l'industrie moderne. Le fonctionnement de l'outillage mécanique a augmenté considérablement le nombre des accidents; il est constant que, dans la moitié des cas, ces accidents ne sont le fait propre ni de l'employeur, ni de l'ouvrier : ils sont le fait de l'outil. Dans ces circonstances, il y a lieu, par une entente intelligente et loyale des principes, de créer une responsabilité nouvelle, celle de l'outil auteur du mal, dont le Code n'avait pu prévoir ni l'emploi ni les dangers. » Pour donner à ces vues une expression d'apparence juridique, on invoque l'article 1384 qui vise un cas tout autre : on applique à l'entreprise qui fournit l'outil la responsabilité établie par cet article à raison « *du dommage causé par le fait des choses que l'on a sous sa garde* », bien qu'ici le dommage soit causé par le fait, non de la chose, mais de son emploi régulièrement consenti par l'ouvrier, ce qui est absolument différent.

Au point de vue du droit, la dialectique est plus ingé-
nieuse que probante. C'est d'ailleurs un grand tort de
vouloir mettre des responsabilités là où il n'y en a pas;
on risque de négliger les vraies ou on ne leur fait pas
rendre tout ce qu'elles doivent, ce qui est le grand art
des législations et des gouvernements.

Mais la base même du raisonnement repose sur une
illusion étrange. En serait-on encore à croire le chemin de
fer plus dangereux que la diligence? La machine n'est pas
seulement un agent de production intensive, c'est un instrument de délivrance; elle diminue la peine et le péril
de l'homme, et c'est là le plus grand honneur de la science
qui l'a inventée, c'est le plus grand espoir de notre civilisation. Il serait vraiment curieux qu'une loi qui s'annonce
pour une loi de progrès, empruntât ses considérants
aux anathèmes d'autrefois! Que l'on consulte les statistiques allemandes (1), les seules que nous possédions :
les dix professions où les charges créées par la réparation des accidents de toute origine montent au chiffre
le plus élevé (1,60 à 2,50 0/0 du salaire) emploient
peu ou point de moteurs mécaniques (2); il s'agit d'industries de terrassement, de transports de fardeaux, de
conduite de voitures, de navigation, ayant pour base
l'emploi presque exclusif des forces personnelles de
l'homme. Au contraire, dans les dix professions où les
charges s'expriment par le chiffre le plus bas (0,14

---

(1) Voir le tableau nº 2.

(2) L'industrie du papier — qui d'ailleurs n'occupe que le huitième rang
(charge 1,70 0/0) — fait seule exception. Le classement au cinquième rang
(charge 1,92 0/0) de l'industrie des mines confirme complètement cette re-
marque, puisque les accidents y sont presque tous dus soit aux chutes de
blocs ou aux chutes dans le vide, soit au grisou, et que les accidents dus aux
engins mécaniques y sont très rares.

à 0,50), le travail se fait mécaniquement. En conséquence, si l'on veut que l'accident fortuit qualifié de risque professionnel donne droit à une indemnité; si l'employeur doit répondre des fatalités naturelles qui menacent l'homme au travail, la nature primitive, la nature à bras et à chevaux étant plus malfaisante que la nature à vapeur et électricité, doit être, autant et plus qu'elle, réputée facteur de responsabilité. Et alors la loi, portant autrement loin qu'il n'était prévu d'abord, ne saurait être présentée comme une simple interprétation d'un texte respecté, une interprétation de faveur et négligeable, consentie à la considération de cas exceptionnels et recommandés; c'est en réalité une conception nouvelle, n'ayant rien de commun avec les principes de droit établis.

Au surplus, les inspirateurs de la loi ne paraissent pas s'être fait illusion sur la valeur en fait et en droit de leurs considérants; car, l'ayant expliquée par le péril de l'outil mécanique, ils l'appliquent à des industries qui n'en font point usage; et après avoir proclamé la responsabilité du patron, ils ne lui imposent la réparation que d'une partie du dommage.

On ne serait pas fondé davantage à la donner pour une clause additionnelle aux dispositions organiques du contrat de louage. Ce serait méconnaître non moins gravement l'ordre d'idées dans lequel s'est placé le rédacteur du Code. Le Code distingue deux sortes d'engagements, ceux qui résultent d'une convention, ceux qui se forment sans convention. Dans les titres relatifs aux diverses natures de contrats, le législateur a déterminé l'objet de ces contrats et le caractère des engagements pris par rapport à cet objet : par rapport à l'ouvrage à fournir, s'il s'agit du contrat de louage. Un titre spécial est consacré aux engagements qui se forment sans convention : au nombre de ces sortes d'engagements figurent les obligations résultant des dommages causés à autrui, et c'est là précisément qu'intervient l'article 1382.

Ainsi, présentées sous le titre modeste d'addition ou d'interprétation, l'une comme l'autre des deux thèses sont en contradiction fondamentale avec toute l'économie du Code et juridiquement insoutenables.

Laissons les faits et les textes à leur sens naturel. Laissons le vieux droit enterrer le vieux droit. La loi est une loi de charité, une loi socialiste : pour ceux qui craignent la nudité des mots, une loi d'assistance absolument au même titre que la loi qui a organisé des Caisses de secours aux malades dans l'industrie des mines (29 juin 1894).

Ce n'est pas la première fois que la compassion entre dans notre législation. Nos budgets sont remplis de libéralités. L'État entretient des hôpitaux, distribue des allocations aux victimes de fléaux, aux indigents, aux plaideurs pauvres, aux écoliers méritants, etc... Là où est l'innovation, et elle est considérable, c'est qu'au lieu d'en réserver la charge au budget de la communauté, le législateur impose cette fois des libéralités à une catégorie de particuliers. C'est le premier exemple d'une contribution publique levée sur des bourses choisies. Mais, dit-on, les mœurs ont devancé la loi; elle ne fait que sanctionner, comme il lui appartient, une coutume tenue pour équitable. Les pays étrangers ont ainsi procédé ou s'y apprêtent; la simultanéité des résolutions fait ressortir leur caractère; ces diverses lois ou propositions ne sont pas des entreprises isolées et violentes contre les maximes de droit constitutives de nos sociétés modernes; c'est la reconnaissance, la régularisation inoffensive, par une sorte de concert européen, d'une situation de fait universellement constatée et acceptée.

Ainsi excusée, l'intervention du législateur n'en est pas
moins une violation des principes jusqu'ici admis ; elle a
le tort, en outre, d'ôter aux sacrifices du patron le mérite
de la spontanéité. Mais, si l'obligation légale est contestable
en droit et en opportunité, nous sommes les premiers à reconnaître le devoir social. Un chef d'industrie n'abandonne
pas ses blessés ; il ne laisse pas sans secours un invalide au
début peut-être de la vie. C'est ici que se distinguent les
bonnes et mauvaises applications du socialisme : ce mot,
dont la spéculation révolutionnaire tente de dénaturer le
sens, mais qui, entendu selon sa signification véritable, est
l'expression d'un ordre d'idées légitimes, salutaires, depuis
longtemps acceptées sous le titre synonyme de civilisation.

La Société a pour but le développement de la fortune
morale et matérielle de tous, par le développement bien
dirigé de chacun. La propriété est une nécessité, parce
qu'elle est le moteur le plus efficace des facultés de l'individu. La supériorité que donnent à quelques-uns la nais-
sance, l'esprit, le tempérament, les hasards qui maîtrisent
de toutes parts notre chétive existence, est un bien : car « les
» fontaines n'accaparent point les eaux, elles les répandent ».
L'assistance mutuelle est un devoir, parce qu'elle est à la
fois un soulagement et un lien. Quand l'assistance peut
s'exercer directement, d'homme à homme, ses effets mo-
raux sont plus efficaces, parce qu'ils sont plus tangibles.
Des ouvriers et un patron travaillent, souffrent à côté les
uns des autres ; il est bon qu'il s'établisse entre eux des
relations personnelles de confiance, d'estime, de sympathie,
de solidarité visible et vivante, qu'ils soutiennent ensemble
la main dans la main le combat de la vie. L'atelier comme
le régiment doit être une école de discipline morale et
sociale. La bienfaisance anonyme du budget doit être
limitée aux cas où le nécessiteux est isolé ; appliquée

ailleurs, elle serait un dissolvant au lieu d'être un lien.

Si ces vues sont justes, il en ressort les conséquences suivantes :

1° En principe, la loi devrait être étendue à toutes les professions. On a essayé d'en limiter l'application aux industries où le nombre des ouvriers, par rapport à celui des patrons, est plus considérable que dans les autres. On voudrait en affranchir les cultivateurs. Si c'est qu'on croit devoir s'inspirer à des considérations d'opportunité plutôt que de justice absolue, on a peut-être raison et nous n'y contredisons nullement. Nous voulons seulement rappeler que l'on ne saurait chercher une excuse à l'exception dans l'innocuité imaginaire des professions non mécaniques ;

2° Le contingent patronal ne doit être demandé qu'à ceux qui sont patrons au sens réel du mot, aux chefs d'établissements qui entretiennent d'une manière permanente un certain nombre d'ouvriers. Il serait inéquitable et impraticable de l'exiger du maître ouvrier qui embauche un compagnon pour un travail déterminé ou à titre plus ou moins transitoire, qui n'a pas plus de ressources que lui et n'est au fond qu'un simple ouvrier comme lui ;

3° Les ouvriers doivent prendre part, avec le patron, au soulagement de la victime de l'accident fortuit. Ils ont des devoirs de fraternité entre eux, comme le patron en a vis-à-vis d'eux. Les lois allemande et autrichienne en disposent ainsi. En France même, la loi du 29 juin 1894, relative aux mines, impose aux ouvriers de participer avec l'exploitant aux frais de traitement des malades. En mettant tous les frais au compte du patron, le projet manque aux principes et à tous les précédents;

4° L'ouvrier blessé par sa faute ne saurait être traité comme la victime du cas fortuit. Car il a manqué à ses

devoirs vis-à-vis du patron et vis-à-vis de ses compagnons;
il a infligé ou risqué d'infliger un dommage à l'entreprise;
il a compromis ou risqué de compromettre d'autres exis-
tences que la sienne. La miséricorde, sans doute, n'est
jamais interdite, mais elle ne doit point prévaloir sur la
justice;

5° L'allocation n'a point pour objet la réparation du
dommage causé, comme il arrive, quand il y a responsabilité engagée ; elle doit conserver le caractère et les limites
d'un secours ayant pour objet d'assurer l'existence de
l'assisté et pour le calcul duquel on ne tient compte du
dommage éprouvé que dans le dessein de maintenir un
rapport judicieux entre la situation antérieure de l'invalide et l'aide à lui donner. Cette allocation ne devra donc
ni égaler ledit dommage, ni même, au delà d'un certain
chiffre, croître dans la même proportion que lui, ni enfin
excéder un maximum fixé. Les législations étrangères et
le projet français s'accordent en fait sur ce point;

6° La défaillance de l'entreprise insolvable ne saurait
être mise au compte des autres. Il n'y a aucune raison
pour faire payer par un ébéniste et ses ouvriers les dettes
d'un exploitant de mines, ou par un employeur du Pas-de-
Calais et son personnel les dettes d'un chef d'entreprise
exerçant une profession analogue dans les Pyrénées-Orien-
tales. Entre des chefs d'industrie et des ouvriers aussi
complètement étrangers les uns aux autres la « solidarité
visible et vivante », les devoirs communs n'existent pas.
La « mutualité », au sens social du mot, suppose le
contact, les relations réelles entre le moi et le toi : elle
est dans le domaine de l'assistance ce que la commune
est dans l'État, une famille, et non une circonscription
administrative; c'est à cette condition qu'elle remplit sa
fonction sociale et son rôle d'organe de morale. Étendue

à un vaste territoire ou à une multitude, elle perd son caractère essentiel et manque son objet utile; elle n'est plus qu'un démembrement injustifié de l'État; les charges imputées à cet établissement conventionnel, né des œuvres de la loi, sont un démembrement des charges publiques; et ceux qui y sont tenus, décorât-on leur servitude d'un titre humanitaire, au lieu d'être les officiers d'un devoir social, ne sont que les victimes d'un régime d'exception.

Le raisonnement deviendrait plus pressant encore, si les insolvabilités étaient mises au compte des patrons exclusivement. Cette prétention serait absolument inique et n'aurait pas même l'excuse d'une méprise sur les conditions naturelles dans lesquelles le devoir social doit être pratiqué. On a vu dans les sociétés anciennes certaines catégories de citoyens, les curiales, par exemple, sous le gouvernement des Césars, rendues responsables du recouvrement des taxes; de nos jours même on a vu les armées victorieuses user de procédés analogues : si on avait dit à ces otages solidaires qu'ils faisaient de la mutualité, on les eût étonnés (1).

En résumé, les créances impayées sont matière à ce que nous appelions tout à l'heure la bienfaisance anonyme; c'est à l'État d'y pourvoir, s'il estime que l'espèce le comporte.

Sans doute, la magnificence des Pouvoirs publics grève nos budgets de libéralités infiniment plus coûteuses et moins bien placées que ne serait le remboursement de ces très intéressants créanciers(2); cette grâce s'expliquerait mieux

---

(1) Est-il besoin de remarquer que les Sociétés d'assurances au sens du Code et librement établies, sont en dehors de ces considérations ? Les participants n'ont pas la prétention de faire œuvre humanitaire à l'égard les uns des autres : ils se proposent simplement de se couvrir d'un risque personnel.

(2) Les allocations individuelles figurant au budget de l'État montent à plus de trente millions.

par exemple que l'abandon bénévole de 17 millions aux déposants des caisses d'épargne, à qui on bonifiait naguère 3 1/2 0/0 d'intérêt quand les acheteurs de rente se contentent de 3. Seulement il faut prendre garde que chaque année, les mauvaises chances dévorent pour beaucoup plus que les insolvabilités redoutées aux dépens de victimes dont la cause est non moins juste, dont la situation est non moins intéressante que celle des invalides du travail. Si le législateur se mettait sur le pied d'accorder des garanties de rente ou d'intérêt aux particuliers, l'affluence des candidats pourrait devenir gênante. Tout ce qu'on peut raisonnablement lui demander, c'est d'accorder un traitement de faveur aux créanciers qui méritent une sollicitude particulière, c'est de les aider par des dispositions spéciales à répéter le montant de leurs droits. Il y a dans notre législation de nombreux précédents en ce sens. Le projet de loi soumis par MM. Forwood et Chamberlain au Parlement anglais établit un privilège en faveur de la créance de l'ouvrier pensionné sur les biens du patron insolvable (1). C'est déjà beaucoup de traiter la répétition d'une libéralité comme la répétition d'un droit. Cette disposition généreuse semble largement suffisante.

Ces points de doctrine ainsi établis, nous passons à l'examen des dispositions du projet de loi dans ses parties essentielles.

II

Participation des ouvriers aux charges des accidents fortuits. — Le choix du médecin. — La faute lourde.

On a établi avec beaucoup de précision un tarif de pensions graduées selon le degré d'invalidité du blessé, selon

---

(1) Voir aux annexes, page 50, le texte de cette proposition anglaise.

la situation des ayants droit de la victime. On sait moins
ce que coûtera son application. Pour en avoir la notion
certaine, il eût fallu connaître le nombre et la nature des
accidents, même les plus minimes, survenant dans chaque
profession, le nombre des jours de traitement, l'âge des
blessés, de leurs ayants droit, etc., etc. Autrement dit,
il eût fallu posséder une statistique qui ne pourra être
établie que quelques années après le fonctionnement de
la loi. Mais, si les éléments de la certitude officielle manquent, on peut néanmoins approcher la vérité.

Le Comité des Houillères a publié (1) une statistique
établie, selon les conditions qu'on vient d'indiquer, dans
les exploitations d'un de ses principaux adhérents. Il ressort de ce travail que l'application des règles et tarifs
énoncés dans la première rédaction soumise au Sénat
(3 avril 1895) imposerait à l'exploitant de mines un sacri-
fice égal à 5 0/0 du salaire.

Le Comité rappelle en même temps qu'en ajoutant à
cette charge celles résultant de la loi du 29 juin 1894
relative aux caisses de retraite et de secours aux malades,
on arrive à un total de 12 0/0 dont 8 0/0 payables par le
patron; que ce total représente, d'après les documents
établis par l'Administration des Travaux Publics, une
majoration de plus du double sur le montant des allocations volontaires qu'ouvriers et patrons s'imposaient, anté-
rieurement à la loi, en faveur des vieillards, malades ou
blessés; qu'enfin cette majoration s'exprimerait, pour le
patron, par une somme de près de six millions, égale au
quart (24 0/0) du revenu total de l'industrie houillère
en 1893.

Cet avis est à retenir. On annonce, on élabore même

____

(1) Voir la Circulaire du 6 juin 1895, n° 1152.

l'organisation, pour toutes les professions, d'institutions de retraites et de secours aux malades. Il importe de ne point fixer le budget des blessés sans supputer les frais que coûtera celui des malades et des vieillards; et on estimera sans doute excessive, en tous cas suffisante, une contribution qui va à l'ablation du quart du revenu.

Qu'on ne dise pas que l'exemple de l'industrie houillère est mal choisi, que le grand nombre des accidents qui l'affligent fait d'elle une exception dont on ne saurait arguer. D'abord ce n'est pas notre faute si la statistique établie par le Comité des houillères est le seul document de cette nature qui ait été publié en France. Ensuite il est beaucoup de professions, qui sont plus dangereuses (1) ou presque aussi dangereuses que l'industrie minière. Enfin les lois fiscales doivent être calculées de manière à pouvoir être supportées par tout le monde.

Les documents allemands présentent également le plus grand intérêt. Ils ne s'appliquent pas à une seule profession, ils donnent la situation générale de toute l'industrie allemande; ce ne sont pas des chiffres de polémique, ce sont des pièces comptables authentiques, officielles. Eh bien, leur lecture donne à penser que les prévisions du Comité des houillères seront dépassées. En effet, ces prévisions ont été établies sur le chiffre des accidents actuellement constatés. Or, en Allemagne, le nombre des accidents a passé de 26,91 par 1.000 ouvriers en 1886, date de la mise en vigueur de la loi, à 35,23 en 1893, soit une augmentation de 31 0/0. Ainsi, la certitude du secours a entraîné la fréquence de l'accident ou tout au moins provoqué des réclamations à l'occasion des plus légères mésaventures dont nul ne prenait souci jadis, qui

---

(1) En Allemagne, elles occupent 1.300.000 ouvriers. Voir le tableau n° 1.

restaient ignorées et qui ont dû échapper au statisticien français. Il est permis de craindre que la loi n'ait les mêmes effets en France.

Il y a plus : la législation allemande met à la charge des ouvriers les deux tiers des indemnités de chômage et frais médicaux relatifs aux accidents dont le traitement a duré moins de 90 jours. Nous venons de voir que l'ensemble des accidents de toute nature a augmenté de 31 0/0 : mais si on les classe par catégorie, on voit que les accidents dont le traitement a excédé 90 jours ont plus que doublé (0,57 à 1,25) et que ceux qui ont entraîné une invalidité partielle permanente et donné lieu à pension ont presque quadruplé (1,10 à 3,82). Ainsi les accidents laissés à la charge exclusive du patron ont augmenté dans une proportion infiniment plus considérable que ceux au soulagement desquels les ouvriers sont appelés à participer. Or, le projet de loi français laisse tous les accidents à la charge exclusive du patron : si donc les choses se passaient en France comme en Allemagne, la crue extraordinaire qui s'est concentrée chez nos voisins sur certaines catégories d'accidents, aurait sans doute chez nous une tendance à se généraliser.

On avouera que la participation des ouvriers aux charges de l'assistance aux blessés se justifie en opportunité aussi bien qu'en doctrine. C'est un préventif, nous ne disons pas contre le dol, mais contre l'insouciance. Certes, dans nos ateliers français, le blessé par spéculation sera aussi rare que le conscrit qui se mutile. Le fraudeur par préméditation sera toujours une exception. Ce qui est à redouter, c'est une somnolence plus grande de l'attention : c'est, quand le mal sera arrivé, une tendance bien naturelle à en grossir et en allonger les conséquences ; car, en morale courante, on ne crée pas volontairement une infirmité : mais on ne se défend pas de chercher à une infirmité existante les meilleures compensations possibles. Or, contre la négligence qui rôde toujours et partout, le patron ne peut rien. Il n'y a que l'ouvrier qui puisse, s'il y est intéressé, efficacement veiller sur lui-même et sur son camarade, et plus tard prévenir, par une sorte de police morale, les prétentions exagérées des victimes. La participation aux charges est une prime à la vigilance et à la manifestation de la vérité : le projet français seconde la nonchalance et la complaisance.

C'est un rôle ingrat de mesurer la compassion à ceux qui peinent. Mais quand le coulage se met quelque part, si excusable ou négligeable qu'il soit à l'origine, la détresse est proche. La fortune des ouvriers est solidaire, directement ou indirectement, de la prospérité de l'industrie ; si elle souffre de charges excessives, si l'atelier se ferme, si les salaires tombent, ce n'est pas seulement le patron qui souffrira ; en fin de compte, les ouvriers vaillants et consciencieux, qui sont la majorité, paieront les frais des négligences abusives du petit nombre.

L'expérience allemande montre que l'usage du préventif devrait être réglé autrement qu'il ne l'est chez nos voisins. Puisque c'est le cas d'invalidité permanente partielle où l'augmentation a atteint la plus grande proportion, il faudrait que les ouvriers concourussent à l'entretien des pensions aussi bien qu'au paiement des frais médicaux et indemnités de chômage. La loi autrichienne en dispose ainsi. Le total des charges ne serait pas augmenté ; on les répartirait autrement. Au lieu de payer les deux tiers des frais médicaux et indemnités de chômages, ils participeraient dans une proportion moindre à l'ensemble des frais d'assistance : c'est un calcul à faire ; bien entendu, ils n'auraient pas à participer à la réparation des accidents imputables à la faute lourde des patrons.

Mais nous rencontrons une difficulté pratique considérable. En Allemagne, ce sont les caisses de secours aux malades qui ont la charge de l'assistance aux blessés; ces caisses ne sont pas organisées en France, sauf dans l'industrie des mines, et la disposition proposée ne saurait être appliquée sans leur intervention. Qu'un accident se produise dans un atelier de cinq personnes, il est impossible de demander aux quatre compagnons du blessé de supporter seuls la part attribuée aux ouvriers dans les frais de médecin, de chômage, de pension. Il faudrait créer des associations suffisamment nombreuses pour diviser les risques et les rendre supportables.

En résumé, nous sommes là en présence d'une conception toute nouvelle de la loi, c'est tout un titre nouveau qu'il faudrait lui ajouter, et le Sénat ne paraît pas disposé à prolonger son élaboration. C'est pourquoi nous réduisons nos vœux à une limite plus modeste. Nous nous bornons à demander que le patron ne soit tenu qu'à la moitié des frais médicaux, sauf en cas de faute lourde de sa part. L'abus sera prévenu dans une certaine mesure; en tout cas le dommage infligé au patron sera diminué. L'ouvrier sera encore mieux traité qu'en Allemagne et en Autriche, où le patron ne contribue que pour un tiers; qu'en Angleterre et en Italie, où les projets déposés laissent toute la charge au blessé. Rien n'empêchera d'ailleurs les ouvriers des grandes usines d'organiser des caisses de secours entre eux; il serait dès à présent facile de modifier en ce sens la loi du 29 juin 1894 relative aux mines, et de mettre le traitement des blessés au compte des caisses de secours aux malades, en majorant légèrement le pourcentage des cotisations qui les alimentent.

Choix du médecin. — Nous n'avons point parlé du choix du médecin dans notre première édition. Si, en effet, la participation des ouvriers aux frais de traitement eût été adoptée, si le législateur avait consenti à organiser dans ce but des caisses de secours alimentées par les cotisations du patron et des ouvriers, il eût probablement réservé à leurs administrateurs la désignation du médecin. On eût invoqué en ce sens les précédents allemands et autrichiens, et la jurisprudence née de l'application de la loi française du 29 juin 1894 sur les mines. Cette loi a disposé que les caisses de secours seraient chargées d'organiser le service médical ; tous les Conseils d'administration de ces caisses, avec l'approbation du ministre des Travaux publics, se sont attribués par leurs statuts le choix du médecin, par la raison qu'ayant charge du traitement ils avaient intérêt à s'assurer que le malade fût bien soigné et le droit de prendre des mesures en conséquence. Nous n'aurions pas contredit à cette prétention, bien que le patron, ayant, en outre de sa part dans les frais du traitement, la charge de la pension, eût eu encore plus d'intérêt que les ouvriers à ce que le traitement fût bien dirigé.

Mais si la participation des ouvriers est exclue, nous demandons énergiquement que le choix soit dévolu à l'employeur. En cas d'accident grave, la vie du blessé, la durée de la convalescence, le degré d'invalidité finale dépendent des soins donnés dès le début. L'humanité et l'intérêt du patron sont d'accord pour que le malade soit défendu contre son inexpérience et les abus qui peuvent en être faits. En cas d'accidents légers (c'est l'ordinaire), le choix du médecin par l'ouvrier prête aux collusions, aux notes gonflées, aux prolongations de traitement injustifiées. La limite à cent francs que le projet fixe en ce cas aux honoraires du médecin et du pharmacien ne préviendrait pas suffisamment ces abus, dans le commun des cas. La taxation par le juge de paix introduite dans la rédaction présentée en seconde lecture, y remédie en partie ; mais elle laisse subsister d'autres et non moins graves difficultés pour ce qui est de la détermination du jour où le blessé est en état de reprendre le travail : en ce cas, dit-on, recours est ouvert devant le juge de paix ; mais le patron aurait plus de frais à faire un procès qu'à payer deux ou trois jours de plus de traitement. Nous le répétons à chaque page : ce sont les petits dols, les infiniment petits dols qui sont à craindre; il faudrait pour en défendre l'ouvrier, une vertu héroïque, qu'on ne peut exiger de personne, et ces petits relâchements multipliés finiront par faire une brèche dangereuse dans les bénéfices de l'entreprise.

Tout ce que nous disons du choix du médecin s'applique à celui du pharmacien.

A titre de transaction, le blessé aurait toujours le droit de se faire traiter à l'hôpital.

Faute lourde. — Nous insistons de toutes nos forces pour que la confusion du risque professionnel et de la faute lourde soit absolument et franchement condamnée. Cette confusion est démoralisante: c'est la source de tous les abus, parce que c'est la justification de tous. Par contre-coup elle légitime la négligence qui est encore plus redoutable que la faute lourde : car celle-ci est saisissable et peut être réprimée par le renvoi ; tandis que la négligence, le plus souvent, ne relève que de la conscience de l'ouvrier.

La rédaction du projet est insuffisante ; elle donne au juge la faculté d'abaisser le tarif ; il faut lui en faire obligation. La vérité, la justice ne se contentent pas de demi-aveux. Il faut que la loi proclame hautement que l'ouvrier blessé par sa faute n'a droit à rien. Si le législateur n'a pas le courage de sa volonté, peut-il compter que le juge aura le courage de son jugement? Qu'au surplus, après avoir proclamé le principe, la loi laisse au juge la faculté de reconnaître des circonstances atténuantes en quelque sorte, et, en ce cas, d'attribuer à la victime une indemnité réduite dans les limites d'un maximum fixé, nous n'y contredisons pas. Au contraire, cette combinaison obligerait la conscience du juge sans tenter son humanité, sans l'exposer à ne pas voir la faute là où l'infortune, bien que méritée, lui paraîtrait digne de compassion.

On objectera l'exemple allemand. On citera l'expression imagée du très éminent président de l'Office impérial qui s'écrie dans un livre récent : « La recherche de la faute lourde est une bombe jetée contre la paix sociale ! » La statistique n'est pas sans jeter un jour indiscret sur la paix allemande. De 1890 à 1893, le nombre des ouvriers restant sensiblement (1) le même, les procès ont passé de 14.879 à 25.348. Ce qui est encore plus topique, c'est que l'augmentation est proportionnellement beaucoup plus forte que celle du nombre des accidents, qui, dans la même période, passait de 149.188 à 182.120. Les accidents ont augmenté de 22 0/0, les procès de 69 0/0. Cinq procès par mille ouvriers, toutes professions confondues, voilà le bilan de la loi pacificatrice. Sous le régime de la bombe, les huit mille forgerons et mineurs (deux industries fécondes en accidents) de la Société de Châtillon et Commentry ont donné depuis douze ans soixante-dix-huit procès, moins d'un par mille ouvriers. Nous ne préten-

---

(1) 4.926.672 en 1890; 5.168.973 en 1893.

dons nullement que la France soit en possession de l'âge d'or ; mais nous ne le voyons pas en Allemagne.

III

Garanties de solvabilité et de paiement.

L'idée de garantir aux ouvriers le paiement de leurs pensions est le résultat de deux erreurs fondamentales. Nous connaissons déjà l'une :

On a considéré comme une dette de droit une libéralité qui pour être imposée n'en restait pas moins une libéralité.

Ensuite on a cru que le débiteur n'était pas sûr. On s'était figuré l'usine comme un champ de carnage : on l'a considérée ensuite comme une professionnelle de la banqueroute.

Cette garantie, le législateur la met en charge des employeurs ; il impute à la collectivité l'obligation de payer les insolvabilités des défaillants. Contrairement à la nature des choses, à l'équité, à la jurisprudence, tous les patrons sont déclarés solidaires de l'acquittement de dettes qui sont le fait exclusivement personnel de chacun d'eux, entre lesquelles il n'y a aucune espèce de rapports de fait, aucune connexité de droit.

On a voulu impressionner favorablement l'imagination populaire : pour que la loi eût tout l'effet désirable, il ne fallait pas qu'elle pût être soupçonnée ; il fallait donner à l'ouvrier la certitude absolue qu'il serait payé. La solidarité des débiteurs a été admise comme un corollaire d'utilité. On n'a pas regardé plus loin et on n'a pas vu que le corollaire était beaucoup plus grave que le théorème. Imposer au patron l'obligation légale de secourir et pensionner ses blessés, c'est du socialisme excusable ;

imposer à un certain nombre de citoyens l'obligation de payer les dettes de ceux d'entre eux qui manquent à leurs engagements, c'est le pire des socialismes.

Par quels moyens le législateur peut-il rendre cette solidarité effective? Nous en voyons quatre.

1° Les insolvabilités annuelles peuvent être réparties entre les patrons débiteurs des pensions. C'est le moyen le plus simple;

2° Les insolvabilités peuvent être réparties entre tous les patrons assujettis à la loi, au moyen d'un abonnement calculé d'après deux éléments : un élément toujours certain, qui est le coefficient de risque multiplié par le salaire; un élément variable ou fixe, qui est la somme à répartir : variable si la somme répartie représente exactement le montant des insolvabilités; fixe, si le gérant met les cotisations à un taux qui lui permet de constituer des réserves avec lesquelles il peut parer à l'inégalité des débits tout en maintenant l'égalité des taxes;

3° Dans le but de rendre les insolvabilités moins fréquentes, le législateur peut imposer l'abonnement fixe ou variable pour le principal de la dette lui-même, c'est-à-dire pour les arrérages de pensions; dans ce système, tous les patrons sont appelés chaque année à verser une certaine somme, représentant leur quote-part, non seulement dans le remboursement des insolvabilités, mais encore dans les probabilités de sinistres et d'arrérages à payer. Bien entendu, l'abonné n'échappe pas au risque qui lui incombe, mais il le répartit uniformément sur chacune des années pendant lesquelles il exerce sa profession;

4° Dans le même but et pour y parvenir plus sûrement encore, les patrons peuvent être appelés à se dessaisir, entre les mains du gérant, du capital représentatif des pensions; en ce cas, l'abonnement est calculé en conséquence de cette obligation.

Quant à l'administration de ces mutualités, à la gestion des fonds, au service des pensions, elles peuvent être dévolues, en bloc ou par partie, soit à l'État, soit à des agences privées, soit directement aux intéressés. Dans les deux premiers cas, les membres de ces mutualités peuvent ou bien être répartis par circonscriptions territoriales ou professionnelles, si l'on estime que ces groupements facilitent l'administration; ou bien, ils traitent isolément soit avec la Caisse Nationale, soit avec l'agence particulière. Dans le dernier cas, le groupement est naturellement de nécessité et prend dans la langue courante l'appellation spéciale de *mutualité*, encore bien que les autres organisations soient fondées sur le même principe : car, que la cotisation d'abonnement soit fixée directement par les membres de la mutualité pour eux-mêmes, ou bien par des intermédiaires traitant avec des isolés, c'est toujours une cotisation répartie entre les participants à l'opération.

La Chambre des députés avait choisi le quatrième moyen, déjà adopté par l'Autriche. L'Allemagne pratique le troisième. La Commission du Sénat a d'abord proposé le premier avec l'assentiment du dernier Ministère; elle s'est ensuite ralliée au second sur l'insistance du nouveau Cabinet, et l'Assemblée a adopté ses conclusions.

Examinons les motifs qui ont inspiré les résolutions successivement présentées au parlement, ainsi que les avantages ou les périls qu'elles comportent.

La Chambre des députés est partie de l'idée que les insolvabilités atteignaient un chiffre très considérable; s'exagérant de très bonne foi le péril, jugeant en outre que le grand nombre des intéressés créait en quelque sorte un intérêt public, la Chambre estima légitime et opportun que la loi attribuât d'office à la créance de l'ouvrier pensionné la garantie que les tribunaux sont dans l'usage d'imposer; cette garantie, c'est le versement du capital représentatif.

Mais cette obligation pouvait être très onéreuse, excéder même les forces du débiteur, en cas de grands accidents, ou si l'exploitant n'avait qu'un fonds de roulement réduit : d'où nécessité de l'abonnement.

Cette nécessité admise, il parut que la loi ne pouvait pas se borner à la constater. D'abord il eût été difficile à l'Administration de surveiller la réalisation par chaque intéressé des obligations imposées. Il était non moins difficile, en l'absence de tous documents statistiques, soit sur le nombre et la nature des accidents, soit sur le montant des insolvabilités, de pratiquer le système de l'abonnement fixe; les calculs eussent été sujets à de grandes inexactitudes : et pour corriger ces erreurs, l'Administration publique ou particulière chargée du service aurait été amenée à traiter très inégalement ses clients. D'où nécessité de grouper les patrons dûment immatriculés en syndicats professionnels ou régionaux, et de répartir entre eux les charges constatées en fin de chaque année.

Qui charger de la gestion des capitaux? Les agences privées, c'est-à-dire les Sociétés d'assurances furent exclues : en effet, le système des répartitions en fin d'année supprimait l'un des éléments constitutifs de leurs opérations qui est l'évaluation forfaitaire du taux de l'abonnement, autrement dit la prime fixe; d'autre part, on sentait que si l'on oblige le patron à se dessaisir du capital de la pension dont il est débiteur, on lui doit du même coup de le décharger de la responsabilité du paiement. D'où nécessité, justement reconnue, d'imputer à l'État, sous sa responsabilité, la gestion des capitaux et le paiement des pensions.

Ces considérations ont abouti au texte voté par la Chambre des députés. On en connaît les principales dispositions. Les contribuables sont groupés en associations régionales comprenant un département ou plus. Les charges annuelles incombant aux membres de l'association sont fournies par le budget commun; et ce budget est alimenté par des cotisations calculées d'après des coefficients de risques, de manière à éviter les écarts trop brusques. Ainsi, chaque nature de profession est affectée d'un coefficient de risques particulier, subdivisé en plusieurs sous-coefficients gradués. La détermination des professions et des coefficients et sous-coefficients est établie et revisée périodiquement par une commission de seize membres à la nomination du Ministre du Commerce. L'attribution en est faite à chacun des patrons de chaque circonscription, et, pour chacune des professions qu'il exerce, par des commissions de sections élues au suffrage universel des patrons. Chaque électeur dispose d'une voix, quel que soit le nombre des ouvriers qu'il emploie. On devine les abus auxquels pourrait prêter ce mode de votation. La répartition est définitivement arrêtée, sous réserve de recours devant le Conseil de préfecture, par une commission centrale élue par les commissions de sections de la circonscription. Des coefficients de modération, pouvant aller jusqu'à 30 0/0, sont accordés dans les mêmes formes aux entreprises bien tenues. On devine l'état d'agitation chronique dans lequel entreraient les quelques millions de travailleurs qui verraient leur sort, celui du voisin et du concurrent dépendre de la fixation des coefficients et sous-coefficients, de leur répartition et de leur revision périodique, de l'attribution des modérations. On sait l'ardeur des campagnes menées autour des tarifs de douanes ou de chemins de fer, dont la masse cependant n'a qu'une vague intelligence et ne subit que le contre-coup lointain. On peut juger du bruit que feraient quelques millions de tarifés en incidence directe et de l'intérêt pas-sionné qui s'attacherait à l'élection des gardiens de la « feuille des bénéfices. »

Voilà en quelques mots l'historique des premières con-ceptions du législateur. Elles se sont inspirées à un prin-cipe erroné, et développées sans le contrôle du document. Les statistiques officielles manquant, on n'avait évalué ni les insolvabilités présumées ni le montant des capitaux représentatifs appelés.

Voulant éclairer les délibérations du Comité des Houil-lères, nous avons essayé de suppléer à cette lacune. Nous avons prié M. Marie, secrétaire de l'Institut des actuaires, d'entreprendre l'évaluation des capitaux au moyen de documents très complets fournis par les membres de notre Comité, des renseignements généraux publiés par l'Office du Travail et des statistiques allemandes. Natu-rellement, nous avons dû nous contenter de déductions ou d'analogies, faire une part à l'hypothèse : mais les chiffres ont été frappés de rabais tels, qu'on peut consi-dérer les approximations auxquelles nous sommes arrivés comme inférieures plutôt que supérieures à la réalité. Le nombre des ouvriers étant évalué à 4 millions, le salaire moyen à 1.000 francs, l'intérêt des capitaux à 3 0/0, la somme à verser annuellement ressort à 115 millions, et le montant maximum des capitaux accumulés à 2.657 millions. La part de l'industrie houillère a pu être calculée avec précision et s'élève à 135 millions (1).

---

(1) Ces travaux ont été publiés dans le *Bulletin du Congrès des Accidents du travail* (Tome VI, 1895) et dans la circulaire du Comité des Houillères du 6 juin de la même année.

En même temps, nous avons cherché à savoir à quel chiffre s'élèvent annuellement les cotes irrécouvrables des budgets des corporations allemandes. La circulaire du Comité des Houillères du 6 juin 1895 a rendu compte d'une première communication émanant de l'Office impérial des Assurances. L'Administration allemande ne disposait à cette époque que d'évaluations approximatives. Depuis, elle a établi une statistique précise qui confirme et au delà ces premières évaluations. Nous en connaissons les résultats résumés.

Dans un grand nombre de corporations, notamment celles des mines, du fer et de l'acier, du lin, de la soie et des textiles, de la distillerie, du tabac, de la navigation maritime et fluviale, des tramways, des chemins de fer, du sucre, du gaz, des industries chimiques, les cotes irrécouvrables sont presque nulles : elles s'expriment en dix-millièmes de la cotisation totale (1). Dans les autres industries, elles montent à un chiffre plus élevé, tout en restant très inférieures à un pour cent, sauf quelques très rares exceptions en ce qui concerne l'industrie des constructions urbaines qui a eu à souffrir de la spéculation.

D'autre part, la Commission du Sénat a eu l'heureuse idée de procéder à une enquête et elle a pu fixer un chiffre au montant des insolvabilités annuelles présumables en France. C'est sur ce chiffre qu'elle s'appuie pour modifier, comme nous le verrons plus tard, dans un rapport supplémentaire du 28 juin, ses propositions premières du 3 avril. Elle évalue le déficit à cent mille francs.

C'était en vérité beaucoup de bruit pour rien ou prou. Il y avait une disproportion intolérable entre le péril qu'on voulait conjurer et l'appareil préventif. Cent mille

---

(1) Ces corporations groupent plus de 2.200.000 ouvriers.

francs! Faut-il pour cette minime somme mettre à la chaîne toute la partie de la nation qui crée la richesse? Va-t-on monter une machine affreusement compliquée et tracassière dont rien que le fonctionnement coûtera beaucoup plus? Pour un déficit de cent mille francs, on imposerait à l'industrie un cautionnement de 115 millions! Pour répondre d'un paiement de 2 millions et quelques cent mille francs, chiffre atteint au point haut du graphique des reports et de la mortalité, on immobiliserait 2.657 millions.

Un pareil régime appauvrirait dangereusement la productivité nationale aux dépens de tous les travailleurs. Que serait-ce le jour où, entraîné sur la pente, le législateur viendrait à appliquer à la constitution des retraites un mécanisme analogue? C'est douze ou quinze milliards, au dire de la Commission du travail de la Chambre des députés, qui viendraient s'ajouter aux trois milliards des accidents. C'est plus encore : car, sous la pression d'une aussi formidable clientèle, la capitalisation des valeurs d'État ou garanties par l'État qui serviraient d'emploi à ces fonds, descendrait assurément à un taux inférieur à celui qui a servi de base aux calculs. Qu'on ne dise pas qu'en fin de compte, l'opération se réduirait à un déplacement de rentiers ; que les anciens porteurs de nos fonds d'État, vendeurs volontaires ou même expropriés (cette perspective surprenante a un moment traversé certains esprits), placeraient leurs fonds dans l'industrie, qui retrouverait ainsi d'un côté ce qu'elle aurait perdu de l'autre. Rien n'assure que la pacifique clientèle des caisses d'asile de l'État ne préfère se réfugier dans les lieux de repos analogues de l'étranger et n'améliore ainsi le crédit de nos concurrents. Mais si vraiment ils laissent leur argent en France, on conviendra que c'est une singulière combinaison de prendre aux travailleurs l'instrument dont ils savent se servir et d'obliger les incapables à aventurer leurs économies dans des entreprises qu'ils ne savent ou ne peuvent ni diriger ni contrôler.

Si encore ce protectorat ruineux servait aux protégés ! mais il est rien moins que certain que les pensionnés aient un avantage décisif à être créanciers de l'État plutôt que des industries dont ils étaient les collaborateurs. Le papier contre lequel on convertirait leur argent n'est pas une substance à l'abri de tout risque. Il faut compter avec les conversions, avec les mesures fiscales ; et enfin qui peut pressentir par ce temps de transformations économiques et politiques, ce que vaudra dans cinquante, dans cent années la signature des États aujourd'hui de premier crédit. En vérité, si grande qu'elle puisse être aujourd'hui, la valeur de cette signature est de nature plus idéale que réelle ; le travail qui est d'institution permanente et le bénéfice qu'il suppose nécessairement, ont, à un point de vue général, une réalité plus certaine et plus durable. Le législateur en a jugé ainsi quand il a permis aux Sociétés industrielles de laisser dans leur fonds de roulement la réserve dont il leur imposait la constitution.

L'assurance, dans sa forme ordinaire, peut convenir sans doute à des individus isolés, réputés ou se réputant inhabiles à gérer eux-mêmes leurs économies ; mais appliquée d'office à la masse entière des travailleurs, dans les proportions qu'on sait et pour une durée indéfinie, l'assurance n'est-elle pas un gigantesque et périlleux trompe-l'œil ? N'équivaut-elle pas, sous le prétexte de mettre en réserve le capital que l'on veut sauvegarder, à imposer aux pensionnés un simple échange de risques, dans des conditions dommageables pour le travail national, et engageant à l'excès devant des clients obligatoires, la responsabilité morale, politique et matérielle de l'État.

Peu importerait que l'État passât la main à des Sociétés d'assurance particulières ou à des mutualités syndicales (1); la situation serait la même. Les capitaux n'en seraient pas moins retirés de la productivité : le gage du créancier n'en serait pas moins converti en papier d'État. Judaïquement parlant, il est vrai, le débiteur de pension deviendrait garant de la solvabilité de l'État, son dépositaire obligatoire, ce qui ne laisserait pas d'être piquant.

Mais ici, on signale des perspectives nouvelles et un accommodement possible.

Vous redoutez, nous dit-on, l'immobilisation des capitaux en papier d'État au détriment de la productivité nationale; vous redoutez pour l'État la responsabilité d'une gestion colossale. Le Parlement est touché, lui aussi, de ces préoccupations : il se déterminerait aisément, sans doute, à se décharger de la gestion des fonds sur les syndicats que le projet de la Chambre institue par ailleurs, et à élargir les limites fixées par la législation des assurances au choix des placements, en telle sorte qu'ils puissent sinon revenir directement à l'industrie, du moins alimenter des entreprises essentiellement utiles au développement de l'industrie; et on nomme les institutions de crédit populaire, les entreprises de logements à bon marché, etc.

C'est, en vérité, supposer au législateur une manière de raisonner bien originale. Il prétend assurer, avec la plus grande certitude possible, à l'ouvrier le paiement de sa pension; il craint de laisser sa créance dans l'industrie que le débiteur a l'habitude d'exploiter, qu'il exploite avec le soin dont on entoure son gagne-pain; il recule, lui, le législateur, lui l'État, devant la responsabilité de sa

---

(1) Voir la première rédaction de la Commission du Sénat. (3 avril 1896.)

propre gestion, devant les périls hypothétiques, lointains à
coup sûr, ou simplement devant l'insuffisance de productivité d'un placement en fonds publics ; et il autoriserait,
encouragerait la migration de cet argent sacré dans
des entreprises incontestablement et immédiatement
aléatoires. Il se substituerait, il substituerait à l'administration expérimentée du chef de maison, personnel-
lement et directement intéressé, les anonymats les plus
suspects qu'on ait jamais rêvés ; à des chances rares d'insolvabilités isolées, il préférerait des éventualités de faillites régionales ou syndicales. On conçoit l'exploitation
d'une industrie déterminée par une collectivité relativement peu nombreuse d'associés, qui ne regardent qu'à
l'intérêt social, dont l'autorité dans les délibérations est
proportionnée à l'importance de leur part dans cet intérêt,
qui font choix de mandataires intéressés comme eux, sen-
sibles à la responsabilité, suffisamment expérimentés. On
peut pressentir les risques auxquels serait exposée la
gestion d'administrateurs élus au suffrage universel d'associations régionales ou de syndicats professionnels inégalement éclairés. Mal défendu contre des suggestions de
toute nature, sollicité sous le couvert d'un masque de
philanthropie démocratique en faveur des entreprises les
plus hasardées, le patrimoine de nos blessés risquerait fort
de devenir la liste civile de tous les refusés des prêteurs
sérieux.

Nous savons tout ce que les œuvres que nous citions
tout à l'heure ont d'utile ; nous savons que, tentées dans
des limites modestes, dirigées par des hommes d'une expérience consommée, certaines entreprises de ce genre ont
donné des résultats satisfaisants. Nous souhaitons leur
développement ; mais il y faut mettre l'argent qu'on a et
non celui qu'on doit. Qu'on les fonde dans de prudentes

proportions, avec le produit de souscriptions volontaires, avec les dépôts de caisses d'épargne non garanties par l'État, rien de mieux. C'est une affaire comme toutes les affaires; ceux qui y mettent leur argent, obligataires comme actionnaires, savent ce qu'ils risquent et ne sont tenus d'ailleurs, à l'égard des tiers, que dans les limites de leur mise. Mais qu'on n'y pousse pas, pour Dieu, sans l'agrément du créancier, trois milliards que le débiteur, en cas de malheur, devrait intégralement reconstituer.

De toutes les combinaisons entre lesquelles l'imagination des inventeurs erre depuis dix ans, il n'en est point de plus dangereuse que celle-ci; elle nous exposerait à des catastrophes compromettantes pour la paix sociale et l'autorité publique comme pour le travail national.

Si le législateur tient à traiter la France comme un peuple d'insolvables, qu'il prenne l'argent et qu'il le garde.

Une évidente vérité se dégage du débat. L'application du système de l'assurance avec versement du capital représentatif, l'universalisation d'un procédé conçu en vue d'applications isolées, est une erreur essentielle. Avant même que les faits eussent dénoncé dans l'espèce une disproportion inacceptable entre le résultat cherché et l'effort demandé, on pouvait réfléchir qu'on ne traite pas une multitude comme on traite des particuliers. Des individus isolés disparaissent : une collectivité qui est la partie la plus vivace et la plus persistante de la nation, son élément fondamental et vital, ne disparaît pas, ou elle ne disparaît que si la nation cesse d'exister. Quand chaque année, les pouvoirs publics pourvoient à l'entretien de l'État et qu'ils fixent la contribution à demander à chaque citoyen, il ne leur vient pas à l'idée, sous prétexte d'assurer l'avenir de leur œuvre, d'imposer aux contribuables le versement de quinze cotes d'avance. Quand ils promettent des pensions aux serviteurs de l'État, leur défiance ne va pas à exiger de la nation la mise en dépôt du capital représentatif de ces pensions. Puisque les chefs d'industrie sont solidaires, ils sont bons pour l'être en long aussi bien qu'en large. Que l'on renonce donc aux geôles et géhennes, que l'on rende la liberté au travail national. Il n'en a pas mésusé au cours de notre longue histoire. Le maintien de l'instrument de travail entre les mains du travailleur, l'augmentation de la production et du bénéfice par le commun et libre labeur de l'ouvrier et du patron, voilà la meilleure des sûretés à offrir aux pensionnés.

La Commission du Sénat, à la suite d'un labeur persévérant, a tenu compte, timidement d'abord, plus largement ensuite des difficultés que lui révélait progressivement une étude approfondie.

Une première rédaction supprimait les groupements obligatoires et la gestion obligatoire des fonds par l'État; elle donnait le choix aux patrons entre plusieurs moyens de garantie, dation de cautionnement, assurances individuelles établies dans les conditions ordinaires, c'est-à-dire avec primes fixes, impliquant l'évaluation forfaitaire et le versement du capital représentatif des pensions, etc. ; ces assurances pouvaient être contractées soit auprès de la caisse nationale, soit auprès de sociétés particulières, soit par le moyen de mutualités proprement dites. Enfin, c'était le point important, le projet autorisait l'établissement de syndicats dont les membres se borneraient à l'engagement de prendre collectivement à leur compte les défaillances individuelles de l'un ou de plusieurs d'entre eux.

Sur ce point particulier, l'effort était heureux ; dans

son ensemble, toutefois, la rédaction provoqua des cri-
tiques. Sans doute elle offrait aux chefs d'industrie
éclairés des avantages dont ils sauraient profiter ; mais il
n'en serait pas de même de la multitude des petits
patrons, sans relations entre eux, défiants, inexpérimentés,
incapables de prendre l'initiative d'organisations quelcon-
ques, surtout de celles fondées sur le crédit ; le but libé-
ral et économique du projet serait manqué ; la masse
demeurerait condamnée à l'assurance avec versement du
capital, et s'adresserait vraisemblablement à la Caisse
Nationale pour échapper à toute responsabilité ultérieure. En tous cas les difficultés signalées au sein de la
Commission de la Chambre des députés et indiquées plus
haut apparaissent : si on maintient le principe de la dation
de garantie obligatoire, il n'y a qu'un moyen pour le législateur d'en assurer l'application régulière et facile, c'est
d'apporter aux intéressés une organisation toute faite, et
de l'imposer à tout le monde.

En même temps, la Commission achevait son enquête
sur le montant présumable des insolvabilités et des capi-
talisations. Les résultats de cette enquête, comme les
objections qu'on vient d'indiquer, la déterminèrent à
retirer sa première proposition, avant l'ouverture de la
discussion. Une nouvelle rédaction était arrêtée le 28 juin
1895 : au lieu de faire de la garantie à crédit le privilège
de fait de quelques rares syndicats de choix, elle en
généralisait d'office le bienfait et l'appliquait à l'universalité des patrons assujettis à la loi. Le montant des arrérages impayés était réparti chaque année entre les débiteurs de pensions en cours de paiement et au prorata de
ces pensions. Du reste, les patrons restaient libres de
s'assurer comme ils l'entendraient contre les risques de
cette répartition et les risques de l'accident lui-même. Pour

simplifier l'opération, l'État centralisait le service; il établissait les rôles de pensions, ajoutant au principal, sous forme de centimes additionnels, la taxe d'insolvabilité, opérait les recouvrements dans les conditions appliquées à la perception de l'impôt, et payait les ayants droit.

C'est le système le plus simple, le plus économique, le plus équitable qu'on ait imaginé.

Cependant, on a formulé contre lui quatre objections, deux contre son principe, deux contre le mode de fonctionnement.

Première objection. — Les insolvabilités seront plus nombreuses que sous le régime de l'abonnement ou assurance. Le débiteur peut plus facilement faire face à des primes relativement modiques et prévues d'avance, qu'aux obligations soudaines et éventuellement considérables créées par un accident; en tous cas, l'insolvabilité de l'assuré ne se manifeste pas d'ordinaire immédiatement avant de tomber en faillite, il a versé un certain nombre de primes. On répond que d'abord, le projet n'empêche pas, on l'a dit, les patrons qui appréhenderaient de rester leurs propres assureurs de s'assurer comme ils l'entendront et dans la mesure qu'ils voudront, soit entre eux, soit auprès de sociétés particulières, soit auprès de la Caisse nationale; d'autre part, l'insolvabilité du débiteur non assuré ne sera pas nécessairement totale, et les acomptes qu'on pourra obtenir de lui compenseront plus ou moins les primes préventives d'assurance. En Allemagne, plus de la moitié du montant des cotisations impayées sont recouvrées postérieurement sur poursuites. La proportion sera sans doute encore plus forte en France parce que le projet attribue un privilège à l'État pour le recouvrement des arrérages. Enfin, il ne faut pas oublier

que la Commission a évalué le déficit à un chiffre très
supérieur au déficit officiellement constaté en Allemagne.
La marge contre les mécomptes paraît donc suffisante.

Le Sénat ne paraît pas s'être arrêté à cette objection.

Deuxième objection. — L'administration chargée
du recouvrement des arrérages ne remplira pas ses devoirs ;
elle sera indulgente parce que ce n'est pas le Trésor
public qui aura à faire les frais de sa générosité ; elle ne
poursuivra pas les récalcitrants ou laissera fuir l'argent.
Les petits patrons abuseront de cette disposition ; et fina-
lement, par l'effet de la fraude, des recommandations,
de la faiblesse ou de la complicité, le système reviendra
à faire payer en masse les pensions des petits patrons
par les gros.

Nous n'avions signalé cette éventualité dans notre première édition que pour en repousser la vraisemblance (1).
Quand on a connu d'autres mœurs, l'esprit ne s'ouvre pas
naturellement à ce genre d'appréhensions. Au contraire
un groupe de déposants, présentés par M. Méline à la
Commission du Sénat après la première lecture, s'en sont
dits fort touchés. Si vraiment tant de fiel entre dans notre
avenir, bien d'autres maux sont à craindre, et les lazarets
les plus ingénieux n'en défendront pas ceux qui croiraient
y trouver sûreté. Les tribunaux seront partiaux ; la force
publique protégera les grévistes contre les travailleurs ;
l'exploitant de mines qui refusera de payer ses ouvriers

---

(1) Voici ce que nous disions : « Les traditions de sévérité de l'Administration
des finances nous autorisent à compter qu'elle défendra les intérêts du travail
national comme elle défend ceux de l'Etat et qu'elle ne sera pas indulgente
aux solliciteurs peu scrupuleux qui tenteraient d'abuser de sa générosité, sous
le prétexte que ce n'est pas le trésor public qui aurait à en faire les frais ».

plus qu'il ne gagne sera convaincu d'inquiéter les besoins
des consommateurs et exproprié ; les procédés que redou-
tent les déposants ne seront qu'une des nombreuses
variétés de l'impôt progressif qui alors rendra tous ses
mérites ; les mutualités elles-mêmes, où c'est aussi le
nombre qui fait la loi, tomberont dans des désordres
analogues et la self-anarchie y fleurira sans le concours
de l'Administration. Tout arrive : mais ce qui est contre
la nature des choses ne dure pas. La spéculation enfle
les mauvaises passions, l'éternel bon sens liquide, et
rétablit les vérités publiques. Ou alors, c'est que le siècle
est condamné, et contre la fin du monde, il n'est point de
remède. N'allons pas renoncer aux commodités d'une
bonne organisation, les fallût-il payer de quelques abus,
en prévision d'une perturbation subversive. Chemine-t-on
de pied, parce qu'un train déraille ? A ce point, la désil-
lusion est aussi mauvaise conseillère que l'illusion. En
résumé, la précaution conseillée est ou exagérée ou im-
puissante.

Troisième objection. — Le paiement des pensions par les soins de l'administration a trouvé des con-
tradicteurs. On a dit que l'intervention de l'État ferait
perdre de vue au pensionnaire que c'est son patron qui
fait les frais de la pension : il serait aisé de l'en faire souvenir au moyen d'une mention inscrite au titre remis
entre ses mains.

A un point de vue plus général, on a dit encore que
l'ingérence de l'administration était en soi contaminée
de mauvais socialisme. Ce qui est socialiste, c'est l'assistance obligatoire, ce sont les contribuables d'exception,
c'est la solidarité qui les lie ; ce qui est socialiste, c'est
de prendre trois milliards aux travailleurs et les faire

gérer par l'Etat ou par des parlements provinciaux ; car le socialisme de département ne vaut pas mieux sans doute que le socialisme d'État ; la substitution de la collectivité à l'individu dans l'exploitation de l'instrument de travail, voilà le mauvais socialisme.

Mais que l'État prête ses agents pour faciliter le fonctionnement d'une œuvre intéressant plusieurs millions de citoyens, il n'y a pas grand mal. Le percepteur qui prélève les cotisations des syndicats des désséchements des marais, n'ébranle pas la société. Nous préférons même que cette charge abusive ne soit pas dissimulée dans une prime d'assurance ; il ne nous déplait pas qu'elle soit condamnée au grand jour d'une taxe spéciale. Le centime additionnel est un dénonciateur permanent et salutaire. Seulement ne prenons pas le témoin pour le coupable ; gardons notre susceptibilité pour des occasions plus dignes de nos courages et plus profitables.

Quatrième objection. — Le ministère, comme le cabinet qui l'avait précédé, a accepté le principe du projet ; par contre, il a imposé le régime de l'abonnement. Ce régime a sa raison d'être quand l'aléa est considérable ; dans l'espèce, il est insignifiant. On néglige cette précaution compliquée pour le risque principal, le risque de l'accident lui-même, et on y revient pour le risque secondaire qui est minime : voilà, en vérité, un arrangement bien singulier. La raison donnée est que l'application d'une taxe supplémentaire aux seuls sinistrés donne une impression d'injustice. Mais cette impression est trompeuse ; car l'établissement de l'abonnement et des coefficients de risque, si sommairement que l'on procède, entraînera des frais considérables ; et pour vouloir dégrever les sinistrés en répartissant les charges sur tout le monde, on arrivera

4

à leur faire payer beaucoup plus. Aquise à ce prix, sans compter les tribulations et inquisitions qui accompagnent nécessairement l'attribution des coefficients, la justice n'est pas un bienfait. Cette prétendue justice est d'ailleurs une illusion : les coefficients de risque, fussent-ils établis avec le plus grand soin, ne sont que des présomptions fort éloignées de la vérité ; les pays qui en usent passent leur temps à les reviser ; au bout de quelques années, la taxe à l'accident se trouve bien plus équitable que la taxe à l'abonnement ; le risque au jugé n'est qu'une approximation ; le risque réalisé est l'expression automatique de la vérité. Il est inexplicable que l'on renonce à l'un des mérites les plus précieux de la combinaison primitivement proposée par la Commission, et qu'à la simplicité, à l'économie, à la justice, à la vérité, on préfère l'à-peu-près, la complication et la dépense.

Nous avons dit ce que nous pensons de la solidarité patronale. Le principe est faux et sonne mal. Mais le dommage ne vaut pas la peine pour les industriels d'en faire une affaire, pourvu qu'ils soient affranchis de l'assurance obligatoire et du versement du capital. Le système de la commission est une rançon acceptable, et nous n'hésitons pas pour notre compte à préférer de beaucoup les risques qu'il comporte aux périls majeurs de l'organisation votée par la Chambre.

Si les propositions de la Commission n'étaient pas adoptées, il resterait une ressource, la dernière : il faudrait recourir au système qui paraît devoir être adopté en Angleterre, en Espagne, en Italie et qui est couramment pratiqué en France par les Syndicats patronaux actuellement existants. C'est la substitution à la pension de la somme une fois donnée. Cette combinaison a sur toutes les autres des avantages décisifs. Elle règle immédiatement les situations. Elle met à la disposition de l'ouvrier un fonds de roulement qui lui donnera les moyens de s'assurer une existence meilleure et stimule ainsi son activité pour son plus grand profit. L'invalidité ne risque plus de prendre dans les imaginations malsaines l'aspect corrupteur d'une retraite en primeur, d'un congé avant l'heure et renté. L'assurance est affranchie de la plus grande partie de ses inconvénients au point de vue de l'accumulation des capitaux; en effet, la somme une fois donnée est très inférieure au capital représentatif de la pension et très supérieure à ses arrérages; il en résulte que le montant des primes serait abaissé, que les sorties de fonds seraient plus considérables, et que, par conséquent, les capitaux en dépôt chez l'assureur seraient réduits à un chiffre très peu élevé.

On fait deux objections. L'une est que le blessé affligé d'une invalidité absolue serait incapable de tirer parti du capital une fois donné; nous admettons que pour ce cas, qui est l'exception, le système de la pension pourrait être maintenu. L'autre, dont on a fait grand bruit, est que l'ouvrier de mauvaise conduite dissipera son capital au lieu de l'utiliser; c'est possible, mais la loi doit être faite pour les bons travailleurs et non pour les indignes, pour la protection du travail et non pour la protection de la paresse. On l'a trop oublié. Quand nous discutions les tarifs et conditions des secours, on pouvait contester nos hypothèses. Ici on tient les résultats; on a vu les embarras et complications infinies du régime de la pension, on a vu les périls de l'assurance et de la capitalisation : tout cela pour la seule considération de quelques dissipateurs! On ne saurait trop regretter que sous l'impression insuffisamment réfléchie de préventions injustifiées, le législateur ait écarté sans discussion un

système évitant toutes les difficultés et profitable à tous
les intérêts légitimes.

Nous concluons :

C'est un excès de garantir aux pensionnés le paiement
de leurs pensions; il est juste et suffisant d'accorder un
privilège à leur créance, en cas de faillite de leur débiteur.

Si on veut leur accorder le bénéfice de la garantie inté-
grale, c'est au Trésor public à supporter les frais d'une
œuvre d'assistance publique.

Si on met les employeurs hors le droit commun, si on
veut que les solvables paient pour les insolvables, mieux
vaut leur imposer une taxe annuelle égale aux insolvabilités présumées, que de leur prendre trois milliards avec
des frais supérieurs à la somme en souffrance et d'inter-
ner ces trois milliards dans les Caisses publiques.

Si, par un motif quelconque, on repousse ce système,
il ne reste plus qu'à supprimer la pension et à la remplacer
par la somme une fois donnée.

IV

Les contestations relatives aux indemnités temporaires
et aux frais de maladie sont jugées par le juge de paix en
dernier ressort.

Déjà une disposition analogue vient d'être prise en ce
qui concerne le contentieux relatif aux saisies de salaires.
En sorte que ce modeste prétoire va faire fonctions de cour
souveraine dans des occasions multiples et sur un chiffre
d'affaires qui pourra devenir très élevé.

Les autres contestations sont déférées à des jurys com-
posés de deux patrons et de deux ouvriers tirés au sort sur
une liste comprenant tous les patrons et tous les ouvriers

de l'arrondissement ; ce jury est présidé par le Président du Tribunal de première Instance et statue sans appel.

On voit à cette juridiction trois avantages : elle aura la procédure rapide et peu coûteuse d'une justice laïque dégagée de formes surannées, l'impartialité d'une institution représentative, la compétence hors ligne d'un Tribunal où les juges sont experts en la cause appelée.

Il y a là bien des illusions.

La rapidité est contestable : le jury ne pourra avoir la permanence d'un Tribunal ordinaire.

Il faudra indemniser les jurés, tandis que la justice ordinaire est gratuite.

On donne mission à des patrons et à des ouvriers de juger leurs pareils. Il peut se trouver qu'ils aient l'esprit assez haut pour oublier leurs origines ; mais on ne saurait dire qu'il y ait dans cette combinaison une garantie primordiale d'impartialité.

Il y a plus : on ne saurait trouver les avantages attribués aux institutions représentatives dans un système où un maître-maçon, à la tête de trois compagnons, tient autant de place que la Compagnie de Lyon.

En réalité, les chefs d'industries considérables seront jugés, dans le plus grand nombre des cas, par des confrères plus rapprochés de la condition d'ouvrier que de celle de patron, se croyant souvent, l'expérience des grèves le prouve, des intérêts en opposition avec ceux des grandes exploitations, en tout cas exposés à entendre des menaces ou des promesses.

Arrivât-on, du reste, à des procédés plus rationnels, qu'ils ne nous séduiraient pas davantage ; il est mauvais de faire juger les gros par les petits et réciproquement, mais le jugement entre pairs n'est pas beaucoup plus rassurant quand les pairs sont concurrents.

Les jurés ne connaîtront que leur métier parfois très modeste. Ils n'auront aucune compétence spéciale pour apprécier la cause d'accidents survenus dans d'autres professions, ou la mesure de l'incapacité du travail en résultant. On ne peut tenir pour certain qu'ils aient, pour y suppléer, des lumières naturelles plus étendues que celles des Tribunaux ordinaires ; on ne voit pas comment les ouvriers et patrons de la Société Transatlantique ou du Creusot seraient mieux jugés par un cultivateur que par des magistrats de carrière.

On ne saurait établir de comparaison entre ces juges et les Tribunaux de Commerce, les Conseils de prud'hommes. Ou bien ces juridictions sont constituées dans des conditions qui assurent la capacité de leurs membres, ou bien leurs décisions sont susceptibles d'appel, ou bien les décisions ne comportent pas de conséquences graves et inéluctables.

D'autre part, si le nombre des contestations monte aux chiffres atteints en Allemagne, nous nous demandons comment on pourra assurer le fonctionnement de ces jurys. On donne des indemnités aux ouvriers, on ne remplace pas les patrons ou ingénieurs dans l'usine ou à la mine. Il arrivera ce qui arrive toujours, quand on veut organiser un service public en dehors des agents professionnels ; les travailleurs sérieux s'arrangent pour rester à leurs affaires, et la place est prise par les besogneux ou malcontents en quête de jetons de présence ou de modestes honneurs.

Il était de tradition, jusqu'ici, que, pour assurer aux parties un arbitrage équitable, respecté, pacificateur, il fallait que l'arbitre fût préparé à sa mission, soutenu, protégé par une éducation spéciale, par une expérience prolongée, par le sentiment invétéré chez lui-même et chez les justiciables de la dignité de son état, par une indépendance absolue à l'égard des intérêts en présence. Voilà pourquoi tous les pays civilisés ont institué des corps d'arbitres professionnels qu'on appelle la Justice. Là où l'institution manque ou si elle est désertée, c'est que la société est en formation ou que son outillage a besoin d'une réforme.

Si nous en sommes là, si le législateur estime les procédés de la Justice française imparfaits, qu'il y pourvoie, mais qu'il ne la supprime pas; qu'il nous assure, dans l'intérêt de tous, des juges réguliers, c'est-à-dire des juges ayant l'esprit de justice.

En résumé, il est regrettable qu'un contentieux qui menace d'être aussi chargé, où des sommes considérables seront engagées, soit livré à des juridictions constituées sans aucune espèce de garanties. On ne comprend pas la disgrâce infligée à la magistrature professionnelle, en présence surtout de la faveur prodiguée à ses tribunaux primaires.

<h2 style="text-align:center">V</h2>

Les lois dites ouvrières touchent aux organes essentiels de la vie nationale.

Le législateur ne se laissera pas décevoir à des assertions aujourd'hui discréditées sur l'importance des disponibilités sociales, c'est-à-dire sur les bénéfices nets produits par le travail. Il ne se laissera point tromper, soit par le spectacle de quelques rares entreprises où la main-d'œuvre entre pour peu de chose, qui exploitent fructueusement une invention nouvelle ou bien une situation commerciale transitoire, soit par le souvenir des grandes fortunes échues aux générations contemporaines de la découverte de la vapeur et aux audacieux fondateurs de la civilisation moderne. La réalité n'est faite ni d'exceptions ni de souvenirs. Aujourd'hui, la concurrence de l'intérieur et du dehors, la généralisation des goûts de confort, les exigences croissantes du fisc, réduisent de plus en plus l'actif disponible du compte profits et pertes du Travail national.

Il y a une harmonie nécessaire entre le prix de revient et le prix de vente. Si les charges imposées au chef d'entreprise troublent cette harmonie, force sera de relever les prix de vente, ou de fermer les ateliers, ou de diminuer les salaires. Où que porte l'incidence directe de l'impôt, la masse finit toujours par en subir les conséquences. Seulement ces actions réflexes échappent à la direction du législateur; elles se manifestent d'une manière irrégulière, inéquitable; et l'intensité de leurs effets est en raison du trouble que l'intervention mal mesurée du début a apporté au cours naturel des choses.

Les invalides du travail ont droit à toute sollicitude; mais il ne faut pas leur sacrifier les combattants et la victoire.

Nous sommes à un pas critique. De vastes pays, hier encore nos consommateurs, sont devenus ou vont devenir producteurs : entrés hier ou entrant demain dans la voie du travail, ils produisent ou produiront à bon marché; et le bas prix des transports supprime les distances. Les barrières fiscales sont fragiles, insuffisantes, parfois malfaisantes, et la seule défensive n'a jamais donné le salut. Un travail plus intensif et plus entreprenant que jamais s'impose aux vieux pays. Il ne faut pas que des lois trop timorées, trop maternelles énervent les courages, exagèrent les pensions aux dépens des salaires, retirent même aux travailleurs l'instrument du travail, internent le capital dans des caisses d'État pour s'assurer qu'il paiera ses dettes, tournent enfin l'imagination du pays à l'idéal d'un rentier retraité. Avec ces pratiques, la société française se préparerait le sort réservé aux industriels qui distribuent leur fonds de roulement en dividendes, et nous ne tarderions pas à consommer les économies amassées par des siècles de travail, notre plus précieuse ressource aujourd'hui dans les luttes présentes ou prochaines.

Les illusions sont encore plus dangereuses que les défaillances. Les générations précédentes ont payé les frais de généreuses mais téméraires espérances. Ne livrons pas cette fois notre vieille terre à l'invasion des produits et de la main-d'œuvre de l'étranger. La fraternité internationale n'en défendrait pas notre quatrième État. Sachons garder notre héritage et notre personnalité nationale. Ne nous contentons pas de nos centenaires. Notre histoire nous donne le droit et nous impose le devoir de vivre.

Janvier 1896.

ANNEXES

RÉGIME FINANCIER ET CHARGES

RÉSULTANT OU DEVANT RÉSULTER DES LOIS D'ASSURANCE CONTRE LES ACCIDENTS DANS DIVERS PAYS

	ANGLETERRE	Supportées par	ITALIE	Supportées par	AUTRICHE	Supportées par	ALLEMAGNE	Supportées par	FRANCE	Supportées par
PAYS	ANGLETERRE (Proposition Forwood et Chamberlain.) 1895		ITALIE (Projet Baccarini.) 1895		AUTRICHE Lois du 28 décembre 1887 (accidents) et du 30 mars 1888 (maladies).		ALLEMAGNE (Lois du 15 juin 1883 (maladies) et du 6 juillet 1884. (accidents).		FRANCE (Projet de loi voté par le Sénat en première lecture le 5 décembre 1895.)	
RÉGIME FINANCIER	Liquidation séparée de chaque affaire. Aucune organisation centrale.		Assurance obligatoire à l'État ou à des Sociétés d'assurances sans service de pensions et par suite sans immobilisation de capitaux.		Assurance obligatoire à un établissement officiel d'assurances, avec constitution d'un capital correspondant aux pensions à servir et basé sur des tables spéciales de mortalité.		Assurance obligatoire à une Corporation officielle, avec constitution progressive en onze années d'une réserve spéciale, limitée, s'accroissant ultérieurement par ses seuls intérêts.		Payement annuel à la charge directe du patron assuré avec liberté de l'assurance, sans constitution obligatoire du capital correspondant aux pensions, mais avec assurance spéciale d'insolvabilité.	
MODE DE PAYEMENT	Payement immédiat EN CAPITAL pour toutes les incapacités permanentes.		Payement immédiat EN CAPITAL pour toutes les incapacités permanentes.		Payement trimestriel EN RENTES pour toutes les incapacités permanentes.		Payement trimestriel EN RENTES pour toutes les incapacités permanentes.		Payement trimestriel EN RENTES pour toutes les incapacités permanentes (avec faculté de rachat du quart en capital).	
CHARGES résultant de :										
1° Incapacité temporaire partielle	O.	»	Deux tiers de la réduction du salaire moyen.	Le patron.	O.	»	O.	»	O.	»
2° Incapacité temporaire absolue	Allocation hebdomadaire ne dépassant pas les deux tiers du salaire, payable jusqu'au jour où le médecin-expert déclare que l'ouvrier est capable de reprendre son travail.	Le patron.	Cinq premiers jours : O. Du 6e au 90e jour : Allocation journalière égale aux deux tiers du salaire moyen.	Le patron.	Chômage de moins de trois jours : O. Chômage de plus de trois jours : a) Jusqu'au 29e jour : Allocation égale à 60 0/0 du gain journalier moyen par la Caisse de maladies; b) À partir du 29e jour : Allocation égale à 60 0/0 du gain annuel par l'Établissement d'assurances.	2/3 par les ouvriers. 1/3 par les patrons. 1/10 par les ouvriers. 9/10 par les patrons.	A partir du 3e et jusqu'au 29e jour : 50 0/0 du salaire journalier par la Caisse des maladies. A partir du 29e et jusqu'au 90e jour : 66,66 0/0 du salaire journalier (50 0/0 par la Caisse des maladies, 16,66 0/0 par la Corporation). Après le 90e jour : 66,66 0/0 du salaire journalier par la Corporation.	2/3 par les ouvriers. 1/3 par les patrons. 1/2 par les ouvriers. 1/2 par les patrons. Tout par les patrons.	Chômage de moins de trois jours : O. En cas de chômage de plus de trois jours et jusqu'à guérison (sans délai limité) allocation journalière égale à 50 0/0 du salaire quotidien.	Le patron seul.
3° Incapacité permanente partielle	Capital ne dépassant pas la moitié de l'indemnité en cas de mort.	Le patron.	Capital égal à cinq fois la réduction subie par le salaire annuel (1).	Le patron.	Rente d'après la capacité de travail qui subsiste et au plus égale à 40 0/0 du salaire annuel (1); par l'Établissement d'assurances.	1/10 par les ouvriers. 9/10 par les patrons.	Rente (1) d'après la capacité de travail qui subsiste et calculée entre 0 et les deux tiers du gain inférieur à 5 francs par jour et entre 0 et les deux neuvièmes du gain dépassant 5 francs par jour par la Corporation.	Tout par les patrons.	Rente égale à 50 0/0 de la réduction du salaire annuel (1).	Le patron seul.
4° Incapacité permanente absolue	Capital égal au salaire des trois dernières années avec minimum de 3.750 francs.	Le patron.	Capital égal à cinq fois le salaire annuel et au moins 1.500 francs.	Le patron.	Rente égale à 60 0/0 du salaire annuel par l'Établissement d'assurances.	1/10 par les ouvriers. 9/10 par les patrons.	Rente calculée en prenant les deux tiers du gain inférieur à 5 francs par jour, et les deux neuvièmes du gain dépassant 5 francs par jour.	Tout par les patrons.	Rente égale à 66,66 0/0 du salaire annuel.	Le patron seul.
5° Mort	Capital égal au salaire des trois dernières années avec minimum de 3.750 francs.	Le patron.	Capital égal à quatre fois le salaire annuel.	Le patron.	Rentes montant au total à 50 0/0 du salaire annuel dont : 20 0/0 à la veuve; 15 0/0 à chaque orphelin jusqu'à quinze ans accomplis; 10 0/0 à chaque ascendant.	1/10 par les ouvriers. 9/10 par les patrons.	Rentes montant au total à 60 0/0 du salaire annuel calculé comme ci-dessus : 20 0/0 à la veuve; 15 0/0 à chaque orphelin jusqu'à quinze ans accomplis; 10 0/0 à chaque ascendant.	Tout par les patrons.	Rente maxima de 60 0/0 du salaire annuel dont : 20 0/0 à la veuve; 15 0/0 à chaque orphelin jusqu'à seize ans accomplis; 10 0/0 aux ascendants.	Le patron seul.
6° Service médical et pharmaceutique	Néant.		Néant.		Jusqu'au 29e jour par la Caisse des maladies. À partir du 29e jour par l'Établissement d'assurances.	2/3 par les ouvriers. 1/3 par les patrons. 1/10 par les ouvriers. 9/10 par les patrons.	Treize premières semaines par la Caisse de secours. (Médecin désigné par la Caisse.) Après la treizième semaine par la Corporation. (Médecin désigné par la Corporation).	2/3 par les ouvriers. 1/3 par les patrons. Tout par les patrons.	Médecin désigné par l'ouvrier.	La patron seul (sans dépasser 100 francs par accident en cas de choix libre du médecin).
			(1) Le projet n'est pas applicable à la partie du salaire dépassant 4.500 francs.		(1) La loi n'est pas applicable à la partie du salaire dépassant 1.200 florins (environ 2.500 francs).		(1) La loi est applicable au gain entier en dessous de 4 marks (5 francs) et seulement au tiers du gain dépassant 4 marks (5 francs).		(1) Loi applicable seulement pour les salaires inférieurs à 2.400 francs.	

TABLEAU N° 2

Allemagne. — Corporations industrielles.

Charges résultant des accidents par 1.000 marcs de salaire, *avec paiement des annuités des pensions, mais non du capital constitutif.* (Pensions calculées sur la base des deux tiers du salaire en cas d'incapacité permanente totale.) (1).

(Extrait du *Bulletin de l'Office du Travail* et complété).

N°s DES CORPORATIONS	OUVRIERS ASSURÉS	ORDRE DE GRANDEUR, EN 1892					
		DES CHARGES TOTALES par 1.000 marcs de salaire			DES CHARGES DUES aux secours et indemnités par 1.000 marcs de salaire		
		N° d'ordre	Corporations	Proportion	N° d'ordre	Corporations	Proportion
				Marcs.			Marcs.
59	67.685	1	Conduite des voitures. .	24 85	1	Brasserie.	13 00
39	76.823	2	Brasserie.	22 05	2	Conduite des voitures. .	12 01
2	252.800	3	Carrières.	20 72	3	Mines	12 01
35	86.995	4	Meunerie.	20 41	4	Carrières.	11 55
1	424.440	5	Mines	19 21	5	Meunerie.	10 50
58	81.971	6	Expéditions.	17 66	6	Terrassiers.	9 99
67	43.023	7	Navigation maritime . .	17 19	7	Fabrication du papier. .	9 96
28	58.797	8	Fabrication du papier. .	17 18	8	Expéditions.	9 66
64	100.754	9	Terrassiers.	17 13	9	Chemins de fer privés. .	9 19
60-62	54.029	10	Navigation fluviale . .	16 28	10	Bâtiment.	9 10
18	103.020	11	Industrie chimique. .	16 13	11	Sucrerie.	8 75
37	98.870	12	Sucrerie.	15 36	12	Navigation fluviale. . .	8 70
43-54	946.702	13	Bâtiment.	15 15	13	Bois.	8 29
56	27.380	14	Chemins de fer privés. .	14 80	14	Navigation maritime . .	7 90
31-34	216.031	15	Bois.	14 46	15	Industrie chimique. . .	7 77
38	41.843	16	Distillerie	14 30	16	Distillerie	7 71
42	5.897	17	Ramoneurs.	12 46	17	Fer et acier	7 14
4-11	597.750	18	Fer et acier	12 02	18	Gaz et eau.	5 95
19	27.660	19	Gaz et eau.	10 51	19	Tuilerie	5 08
17	252.959	20	Tuilerie	9 70	20	Tramways.	4 85
57	31.838	21	Tramways.	8 79	21	Ramoneurs.	4 40
36	61.205	22	Alimentation.	7 73	22	Alimentation.	4 17
30	47.005	23	Cuir.	7 26	23	Cuir.	3 95
15	65.018	24	Verrerie.	6 42	24	Verrerie.	3 23
14	22.267	25	Instruments de musique.	5 45	25	Industrie textile . . .	2 89
29	63.632	26	Travail du papier. . . .	5 12	26	Instruments de musique.	2 81
20-26	605.299	27	Industrie textile	5 10	27	Métaux nobles et ordinaires.	2 57
3	64.527	28	Mécanique fine.	4 99	28	Mécanique fine.	2 31
12-13	100.664	29	Métaux nobles et ordinaires.	4 77	29	Poterie.	2 06
16	59.962	30	Poterie.	3 75	30	Travail du papier. . .	1 98
55	74.075	31	Imprimerie.	2 89	31	Vêtement.	1 50
41	106.071	32	Vêtement.	2 82	32	Imprimerie.	1 46
27	43.672	33	Soie.	1 95	33	Soie.	1 05
40	107.468	34	Tabac	1 49	34	Tabac	0 60

(1) La valeur moyenne des pensions servies en cas d'incapacité permanente, partielle ou totale, n'était en 1892 que de 25 1/2 0/0 du salaire; elle décroît d'année en année, ayant été supérieure à 31 0/0 des salaires en 1889 et n'étant plus que de 24 1/2 0/0 en 1894.

TABLEAU N° 3

Autriche.

Charges résultant des accidents par 1.000 francs de salaire,
avec versement du capital constitutif des pensions, calculées
sur la base de 60 0/0 du salaire en cas d'incapacité totale.

(Extrait des publications officielles autrichiennes sur les assurances.)

NOMBRE D'OUVRIERS en 1892	DÉSIGNATION DES GROUPES	MOYENNES des années 1890-1891-1892	
		Charges résultant du service des indemnités	Charges totales. (Service des indemnités et frais de justice.)
20.147	Carrières de pierres	31,30	41,16
21.555	Industrie du bâtiment	30,14	36,18
32.957	Travail du bois	26,66	31.99
5.957	Industries accessoires du bâtiment	21,99	26,38
20.969	Moulins	21,01	25,21
66.418	Entreprises de constructions	19,02	22,82
22.310	Usines métallurgiques	16,00	19,20
39.959	Constructions de machines	15,75	18,90
26.329	Fabrication du papier	15,35	18,42
11.219	Fabrication d'engins de transport	13,47	16,16
36.066	Boissons	11,67	14,00
55.234	Produits alimentaires	10,31	12,37
6.071	Matières explosibles et allumettes	9,60	11,52
16.415	Construction de chemins de fer	9,50	11,40
32.514	Travail du fer et de l'acier	9,14	10,87
8.577	Produits pour le chauffage et l'éclairage	8,57	10,28
8.510	Établissements accessoires (chemins de fer)	8,03	9,63
5.599	Grande industrie chimique	7,95	9,52
14.749	Travail des métaux ordinaires	7,66	9,10
44.679	Travail de la terre (poterie)	7,23	8,67
5.784	Fabrication d'instruments et appareils	6,84	8,20
25.490	Blanchiment, teinture et apprêt	5,82	6,98
10.060	Préparation du cuir	5,53	6,63
87.878	Industrie du coton	5,40	6,40
56.417	Industrie de la laine	4,76	5,71
29.548	Industrie du lin	4,76	5,71
5.895	Fabrication d'armes à feu	4,55	5,46
6.812	Travail du papier	3,82	4,58
5.236	Travail de la corne, de l'écume, etc.	3,63	4,35
10.550	Verrerie	3,59	4,30
16.179	Vêtement	2,06	2,47
16.357	Industries polygraphiques	1,83	2,19
10.452	Passementerie, bonneterie	1,46	1,75
56.417	Industrie de la soie	1,24	1,48
31.386	Tabac	0,22	0,26
Moyenne des groupes industriels en 1890-1891-1892		10,86	12,56
Moyenne des groupes industriels en 1892		11,80	13,80

EXTRAIT

DE

LA PROPOSITION DE LOI SUR LA RÉPARATION DES ACCIDENTS

DONT LES OUVRIERS SONT VICTIMES PENDANT LEUR TRAVAIL

(Workmen's accidents compensation Bill)

Présentée en première lecture le 8 février 1893 (Bill 22), par MM. Forwood, Matthews, Chamberlain, Sir Edward Hill, Tomlinson et
Elliot Lees.

---

6. — Dans le cas de faillite du patron ou de liquidation
de la Compagnie qui a employé l'ouvrier, l'indemnité due
aux termes de la présente loi est considérée comme une
créance privilégiée, et jouit du même régime que les im-
pôts et les salaires, conformément à la loi de 1888 sur
les faillites et liquidations.

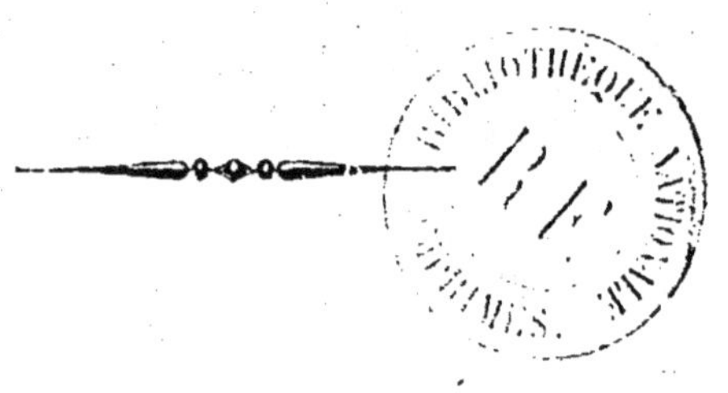

Documents manquants (pages, cahiers...)

NF Z 43-120-13